Le coup d'État d'urgence

ARIÉ ALIMI

Le coup d'État d'urgence

Surveillance, répression et libertés

ÉDITIONS DU SEUIL
*57, rue Gaston-Tessier, Paris XIXe*

ISBN 978-2-02-146921-9

www.seuil.com

Prologue

L'état d'urgence est, par définition, un état d'exception. Un état d'exception qui n'est plus si exceptionnel que cela tant sa fréquence s'accentue en France. Depuis cinq ans, la France a vécu plus de temps sous le régime d'exception de l'état d'urgence que sous le régime du droit commun. Trois ans : c'est en effet la durée cumulée entre l'état d'urgence voté à la suite des attentats du 13 novembre 2015 et l'état d'urgence sanitaire voté pour faire face à l'épidémie de Covid-19. Situation inédite dans l'histoire de la République française, hors période de l'Occupation, l'état d'exception, qui s'inscrit dans la lignée de la guerre d'Algérie, a pris le pas sur le droit commun.

La décision de déclarer l'état d'urgence est une décision politique exceptionnelle qui a des effets sur toutes les institutions et les mécanismes juridiques traditionnels. Cette déclaration a un caractère éminemment performatif, voire thaumaturgique ; son simple énoncé aurait pour vertu de réparer l'urgence sanitaire ou sécuritaire. La communication utilisée pour la justifier use régulièrement d'une rhétorique guerrière – « nous sommes en guerre ». Et en effet, à l'origine de l'état d'urgence, il y a la guerre. Pour les discours présidentiels et gouvernementaux, la déclaration de l'état d'urgence est une déclaration de guerre – une guerre contre un ennemi intérieur. En 2015, la déclaration de l'état d'urgence était une déclaration de guerre contre le terrorisme ; début 2020, la déclaration de l'état d'urgence sanitaire était une déclaration de guerre contre un virus. Fin 2020, lors de la deuxième vague de l'épidémie et la résurgence des attentats terroristes, nous étions en guerre sur deux fronts intérieurs. Ces déclarations de guerre ne sont pas sans rappeler l'origine même de l'état d'urgence, qui est le passage de l'état de siège réel à l'état de siège théorique – la continuation de la guerre par la politique, inversion de la thèse de Carl von Clausewitz par Michel Foucault.

C'est une confusion regrettable et trop fréquente que d'assimiler l'urgence et l'état d'urgence. L'urgence est une situation factuelle liée à une menace particulièrement grave pour la sécurité de la population – épidémie, vague d'attentats terroristes, catastrophe naturelle, etc. L'état d'urgence, quant à lui, est le mécanisme juridique qui octroie au pouvoir exécutif des pouvoirs exceptionnels pour faire face à la gravité de cette menace. Cette confusion donne l'impression communément partagée que la situation factuelle d'urgence implique *ipso facto* une déclaration d'état d'urgence, c'est-à-dire la mise en place d'un dispositif juridique d'exception. Mais avions-nous réellement besoin de déclarer l'état d'urgence en 2015 en restreignant les libertés pour lutter contre la menace terroriste ? Et surtout, comment le confinement généralisé et l'état d'urgence sanitaire, qui sont des mesures inédites dans l'histoire de France, ont pu être mis en place sans provoquer de contestations majeures de la part de la population, sans que les contre-pouvoirs traditionnels ne se mettent en branle pour en réduire les aspects les plus liberticides ?

Plutôt que d'interroger la nécessité du recours à l'état d'urgence sanitaire – ce que seuls le temps long ainsi qu'un travail d'enquête à la fois judiciaire et universitaire permettront de faire –, cet ouvrage a pour ambition de commencer à décrypter la mécanique de l'avènement de l'état d'urgence sanitaire et ses conséquences tant sur la population française que sur ses institutions.

Ces questions n'ont pas été suffisamment soulevées, ce qui, en soi, est déjà une manière d'éclairer le fonctionnement de l'état d'urgence. Certes, les attentats de 2015 et l'épidémie de Covid-19 ont créé un choc et un état de sidération individuel et collectif indéniables.

Mais la déclaration de l'état d'urgence a eu pour effet de proroger dans sa durée cet état de sidération de la population dans son ensemble, intellectuels et universitaires compris. Au lieu de nous interroger sur le principe même de l'état d'urgence, nous l'avons intégré comme un nouvel horizon indépassable que nous devions apprendre à maîtriser dans sa logique interne.

Bien sûr, beaucoup ont contesté les renouvellements successifs de l'état d'urgence et de l'état d'urgence sanitaire. En vain. Si la Constitution et l'État de droit sont des cadres fixes et permanents permettant à la société et aux institutions de fonctionner pacifiquement, l'état d'urgence est un dispositif mouvant dont les fluctuations incessantes détruisent progressivement le cadre de l'État de droit et créent, en soi, la nécessité d'un recours à l'état d'exception. Certains estiment que la dangerosité de l'état d'urgence réside dans le fait que, d'abord exceptionnel, il devienne progressivement la règle et remplace le droit commun ; que l'état d'urgence d'aujourd'hui deviendra le droit commun de demain. En réalité, comme tout état d'exception, l'état d'urgence se caractérise par une absence totale de permanence et de continuité. Il est un mouvement perpétuel du droit, un maelstrom normatif qui entraîne inexorablement les institutions dans un mouvement incessant de nature à détruire tout cadre permanent nécessaire à leur stabilité.

Je me souviens encore de mes discussions avec des parlementaires appelés à voter pour la première fois le texte sur l'état d'urgence de 2015. Même ceux qui y étaient opposés sur le principe ont voté son adoption par crainte de commettre une faute politique majeure. S'y opposer, c'était risquer de se mettre à dos la quasi-totalité de la classe politique et de l'opinion publique. Je me souviens aussi que lorsque j'ai été auditionné par la commission sénatoriale de suivi de l'état d'urgence en 2016, j'ai été surpris par la perplexité des sénateurs en charge d'apprécier le bien-fondé d'une nouvelle prolongation. Pour ces élus, mettre un terme à l'état d'urgence revenait à risquer de devoir assumer la responsabilité d'attentats futurs. Ces éléments contribuent à expliquer l'augmentation de la fréquence de l'état d'urgence au cours des dernières années et l'impossibilité de pouvoir s'interroger sur sa nécessité. La déclaration de l'état d'urgence est en soi une fuite en avant, une glissade inexorable, tant pour les institutions que pour ses représentants – sans retour en arrière possible.

Pour résumer son fonctionnement, l'état d'urgence permet d'accroître les pouvoirs de police de l'exécutif, de transférer des compétences du juge judiciaire, garant constitutionnel des libertés individuelles, au juge administratif, qui assure traditionnellement un contrôle plus limité de l'action de l'exécutif, et de restreindre des libertés qu'en temps normal, le droit ne permettrait pas de réduire.

Pendant les états d'urgence adoptés au cours de la Ve République, l'État de droit, conçu comme le cadre indépassable permettant de se prémunir contre l'arbitraire de l'exécutif, d'exercer des recours contre ses décisions, de répartir les pouvoirs entre le législatif, l'exécutif et l'autorité judiciaire, et de faire découler la légitimité des actes réglementaires de la loi, était maintenu. Fragilisé, mais maintenu.

Pendant l'état d'urgence sanitaire, le paradigme des libertés est inversé. Alors que les libertés publiques et fondamentales constituent le principe de l'État de droit, sous l'état d'urgence sanitaire, elles sont l'exception. Ce nouveau dispositif d'exception interdit ainsi à toute personne de se déplacer hors de son domicile, sauf exceptions limitativement énumérées. Il interdit de se réunir pour exercer son droit de réunion ou son droit de manifester, d'ouvrir son commerce quand celui-ci n'est pas de première nécessité[1]. Alors qu'en temps normal, il est possible de sortir à toute heure de chez soi – pour aller boire un café, faire ses courses ou travailler –, l'état d'urgence sanitaire implique de

1. « Arrêté du 15 mars 2020 complétant l'arrêté du 14 mars 2020 portant diverses mesures relatives à la lutte contre la propagation du virus Covid-19. »

penser, avant de franchir le seuil de sa porte, à inscrire sur un document le motif et la durée de la sortie sous peine de contravention. Alors que le respect dû à la vie privée doit être un principe légal, l'état d'urgence sanitaire interdit de voir ses proches, y compris lorsqu'ils se meurent dans des Ehpad ou des hôpitaux. Si, habituellement, le droit de manifester ou de se réunir ne peut être tempéré que par une décision expresse et motivée de l'administration en raison d'un risque de troubles graves à l'ordre public, l'état d'urgence sanitaire réduit ces droits à néant, y compris en tentant de bannir par voie de police certaines affiches revendicatives accrochées aux balcons, comme ce fut le cas dans plusieurs villes de France. Les bars, restaurants et salles de spectacle sont quant à eux fermés.

Seule exception à ces interdictions : le droit de travailler. Plutôt qu'un droit, il faudrait parler d'une obligation de travailler, tant le droit de retrait a été mis à mal. Le ministère du Travail a en effet considéré en mars 2020 que la pandémie et le manque de masques ou de gel hydroalcoolique ne constituaient pas un péril grave et imminent justifiant le droit de retrait à partir du moment où toutes les mesures sanitaires préconisées par le gouvernement étaient appliquées[2].

2. Voir Benoît Zagdoun, « Épidémie de coronavirus : le gouvernement a-t-il raison quand il dit que le droit de retrait ne s'applique pas ? »,

Les « premiers de corvée[3] », éboueurs et éboueuses, caissiers et caissières, femmes et hommes de ménage, ouvriers et ouvrières, manutentionnaires, travailleurs et travailleuses du bâtiment, bref, tous ceux pour qui le télétravail était impossible, ont ainsi été sommés de poursuivre leur travail quitte à utiliser les transports en commun et à risquer à tout moment d'être contaminés. C'est pourquoi certains départements dont la population est particulièrement représentée dans ces secteurs d'activité – c'est notamment le cas de la Seine-Saint-Denis – ont connu des chiffres de contamination et une surmortalité beaucoup plus importants que ceux des autres départements[4].

Dans les tribunaux, la justice a continué de fonctionner, tout au moins pour les comparutions immédiates – une forme de justice d'exception et d'urgence devenue depuis trop longtemps la règle. Alors que les

---

francetvinfo, 7 mars 2020, en ligne : www.francetvinfo.fr/sante/maladie/coronavirus/epidemie-de-coronavirus-le-gouvernement-a-t-il-raison-quand-il-dit-que-le-droit-de-retrait-ne-s-applique-pas_3853291.html

3. Olivier Besancenot, « Nos vies dépendent des premiers de corvée. Pas des premiers de cordée ! », *francetvinfo*, 1er mai 2020, en ligne : www.francetvinfo.fr/sante/maladie/coronavirus/olivier-besancenot-nos-vies-dependent-des-premiers-de-corvee-pas-des-premiers-de-cordee_3920201.html

4. Voir « Coronavirus : une surmortalité très élevée en Seine-Saint-Denis », *Le Monde*, 17 mai 2020, en ligne : www.lemonde.fr/societe/article/2020/05/17/coronavirus-une-surmortalite-tres-elevee-en-seine-saint-denis_6039910_3224.html

cambrioleurs étaient confinés, on a vu défiler dans ces salles d'audience de drôles de délinquants. Arrivés tout droit de leur jogging quotidien, en survêtement, Ces délinquants d'un nouveau genre, qui avaient été contrôlés trois fois sans attestation, pouvaient finir en garde à vue, sans avocat – les avocats étant eux aussi confinés – puis au tribunal, toujours sans avocat, où ils risquaient d'être envoyés en prison. Finalement, une justice d'exception a été mise en place, où tous les droits du procès équitable et les garanties de la défense se sont effacés face aux impératifs d'ordre et de santé publics.

Cette dynamique n'est cependant pas survenue subitement au moment des attentats de 2015. Elle existait à l'état latent bien avant l'avènement de la Vᵉ République et trouve sa source dans des lois d'exception, telles que les « lois scélérates[5] » adoptées contre la mouvance anarchiste au XIXᵉ siècle. On retrouve cette dynamique dans le droit pénal, la criminologie ou encore la psychiatrie, bref, dans toutes ces disciplines qui ont fait de l'esprit humain une terre d'expérimentation pour la réduction du « risque social » et le contrôle optimal de la société. Surveiller, discipliner et punir avant même que ne soit commis le moindre comportement répréhensible, telle

5. Voir Raphaël Kempf, *Ennemis d'État. Les lois scélérates, des anarchistes aux terroristes*, Paris, La Fabrique, 2019.

était l'ambition de cette volonté totalitaire de réduire à néant le risque et l'aléa de l'humain.

Le terrorisme et la sidération qu'il engendre ont permis l'avènement de nouvelles logiques légales. Le droit de l'antiterrorisme a progressivement contaminé le droit pénal, qui ne s'est plus contenté de sanctionner des actes, mais aussi des intentions. Avec l'avènement du droit pénal de l'ennemi intérieur, ce n'est plus l'acte qui est sanctionné mais la seule volonté de passage à l'acte. Les états d'urgence successifs ont permis le passage d'un droit où l'infraction, sanctionnée par un juge judiciaire statutairement indépendant, est strictement prévue par un texte légal et d'interprétation stricte, à un droit où la seule intention est sanctionnée par une police administrative relevant de critères standardisés. Cette transition permet à l'État, par l'intermédiaire du préfet et des effectifs de police, de contrôler des comportements et non plus des actes. C'est ainsi qu'est apparue la logique du soupçon généralisé, où tout un chacun est susceptible d'être un danger et, partant, un délinquant.

L'état d'urgence fait tache d'huile et contribue à étendre progressivement, par cercles concentriques, les catégories de personnes et les champs susceptibles d'être touchés par les réductions, voire les abolitions, de libertés. En 2015, les musulmans pratiquants devenaient des terroristes potentiels et pouvaient être perquisitionnés ou assignés à résidence sur ordre du préfet. Aujourd'hui, toute personne est un malade potentiel du Covid-19 et, pour cela, peut être assignée à résidence sans limitation de durée.

Alors qu'il y a quelques mois, nous regardions ou lisions des dystopies pour jouer à nous faire peur et nous dire que nous étions encore loin de ces fictions effrayantes, nous vivons désormais enfermés et semblons consentants, demandeurs de toujours plus de restrictions de libertés et de décisions autoritaires et paternalistes. Est-ce là le monde que nous voulons ? Et quand bien même le refuserions-nous, pourrions-nous encore nous y opposer ?

Pour mieux comprendre l'avenir incertain qui nous attend et ce qu'il impliquera comme transformations radicales pour nos institutions et pour chacun d'entre nous, il est primordial d'analyser la tectonique des rapports de pouvoirs qui se sont imposés pendant la période de l'état d'urgence sanitaire. Et pour décrypter la stratégie de santé publique élaborée par le gouvernement, il nous faut nous interroger sur la persistance de ces mots qui nous qualifient tant socialement que dans notre rapport à l'État : « individu », « personne », « sujet de droit », « citoyen ». C'est dans la définition de ces termes que se trouvent peut-être la compréhension de l'état d'urgence sanitaire et les voies pour le renverser.

1

Les masques : du sujet de droit au sujet virus

Dimanche 15 mars 2020, premier tour des élections municipales. Je rechigne à sortir de l'appartement dans lequel j'ai préparé mon confinement anticipé. Le réfrigérateur est rempli de produits frais, le congélateur peine à se fermer, les boîtes de conserve s'amoncellent dans l'armoire de la cuisine. La peur d'être contaminé prend le pas sur une tradition immuable à laquelle je me prête depuis mes 18 ans en me rendant dans l'isoloir pour exercer mon droit de citoyen. Choisir entre mon corps biologique et mon corps civique. Mon instinct de survie contre l'aspiration politique. Pour résoudre mon dilemme, je me rends à ma pharmacie de quartier pour y acheter un masque chirurgical. Rupture de stock.

Du masque de théâtre au sujet de droit

Avant d'être une protection contre la contamination virale, le masque est un accessoire de théâtre, et ce depuis l'Antiquité grecque. Il permet de figurer un personnage en remplaçant la figure humaine du comédien. Son étymologie latine (*persona*) a conduit au mot *personne* dans la langue française. À l'origine, *persona* désignait à la fois le masque de théâtre et le personnage de l'acteur. En français, le mot « personne » est communément employé comme synonyme d'individu, mais renvoie également à une signification juridique bien plus précise qui se rapproche de sa filiation gréco-latine. La personne est comme le masque de l'acteur sur le visage de chair. En tant que fiction juridique, la personne sert à désigner l'enveloppe juridique fictive d'un être humain. Cette fiction assure une permanence au corps biologique de sa naissance à sa mort, et lui permet d'exister dans un système juridique : il en bénéficie de droits et se voit imputer des obligations.

La « personne », également désignée en droit par l'expression « sujet de droit », est ainsi une fiction protectrice du corps biologique qui lui permet d'exercer ses droits. Le sujet de droit devient citoyen, couche fictive supplémentaire, lorsqu'il bénéficie de droits lui permettant de participer à la vie politique du pays, notamment en exerçant son droit de vote. L'univers des jeux vidéo fonctionne de manière similaire : pour intégrer l'univers virtuel et interagir avec ce dernier, le joueur doit choisir un avatar, comme c'est le cas de la personne ou du sujet de droit dans l'univers juridique. L'avatar peut revêtir un costume spécifique pour lui permettre d'accéder à un niveau de jeu supérieur, de la même manière que la personne qui endosse sa qualité de citoyen pour aller voter.

Depuis le début de la pandémie de Covid-19, la filiation sémantique entre le masque, au sens juridique, et le masque chirurgical ne m'apparaît pas dénuée de sens. Au sens juridique, le masque protège contre l'essentialisation. Au sens médical, le masque chirurgical protège contre la contamination. Il aurait pu également protéger la population française contre une autre forme d'essentialisation qui a permis l'avènement de l'état d'urgence sanitaire et des mesures de confinement.

Cette essentialisation, c'est celle de l'assimilation de tout individu au virus. Comprendre le cheminement qui a conduit à confondre l'être humain et le virus permet de comprendre le processus qui a mené à l'état d'urgence sanitaire. Ce cheminement, au confluent de différents discours à la fois sociaux et scientifiques, s'est conclu par l'adoption de normes légales exceptionnelles concrétisées par les états d'urgence.

Un visage radicalement nu

Le visage humain est probablement le point d'entrée de cette dynamique contemporaine. Le visage, qu'il soit nu, voilé, masqué ou dissimulé, a été au cœur de nombreux conflits de ces dernières décennies. En octobre 1989, trois jeunes filles, élèves au collège Gabriel Havez à Creil, dans l'Oise, sont exclues de leur établissement au motif que le voile islamique qu'elles portent est une marque religieuse incompatible avec le bon fonctionnement d'un établissement scolaire. Un mois plus tard, le Conseil d'État, saisi par Lionel Jospin, fixe une jurisprudence de compromis : tant qu'elle ne constitue pas un « acte de pression, de provocation, de prosélytisme ou de propagande », l'expression des convictions religieuses ne peut être interdite à l'école. La décision incombe au chef d'établissement qui doit apprécier pour chaque situation l'intention de l'élève quant au port du voile.

Le débat ressurgit en 2004, à la faveur d'un rapport rendu par la commission Stasi, constituée par le Président Jacques Chirac, qui porte sur l'application du principe de laïcité. Si la loi permet le port d'insignes religieux discrets, elle interdit les signes ou tenues ostensibles comme les kippas, le voile islamique et les grosses croix dans tous les établissements scolaires, y compris les lycées.

Les discours de certains courants féministes et laïcistes sortent victorieux de cette intense confrontation sociale. Si les établissements scolaires constituent le champ de bataille idéologique le plus important, l'aspiration finale de ces discours est de parvenir à la disparition définitive du voile et, partant, de rendre impossible la dissimulation du visage. Le visage de la femme doit rester dans la nudité pleine et entière ; elle est ainsi privée de sa liberté de choisir de dissimuler partiellement son visage si elle le souhaite.

Sur fond de crise du religieux et de la laïcité, ces revendications s'accentuent progressivement, contribuant à la crispation identitaire des personnes de confession musulmane qui ressentent, dans cette atteinte à leur liberté de conscience et de pratique, une défiance à l'égard de leurs origines et de leur religion. En réaction à cette défiance, on a pu observer à la marge des revendications politiques plus intenses de la part de certains courants de l'islam. La défiance nourrit la réaction, qui nourrit elle-même le sentiment d'exclusion des personnes de confession musulmane et, *in fine*, le communautarisme religieux. La stigmatisation de certains peut parfaitement expliquer ce processus. Montrées du doigt en raison de leur appartenance religieuse et, partant, isolées du reste de la communauté nationale, de nombreuses personnes de confession musulmane ont amplifié leur appartenance identitaire au travers du religieux.

Cette analyse n'exclut bien évidemment pas les facteurs historiques de la colonisation et de la décolonisation, de l'urbanisme et de l'échec des politiques publiques en matière d'intégration des populations issues de l'immigration, qui ont conduit à cette situation. Mon propos est de comprendre pourquoi le visage humain et la liberté de le dissimuler ont pu être l'origine de cette dynamique d'étiquetage et de cristallisation identitaire.

Ce d'autant plus qu'elle a également été au cœur de la pratique et du discours de l'état d'urgence de 2015. Une étude approfondie des discours portant sur le concept de radicalisation révèle que le voile apparaissait comme l'un des signes principaux de cette prétendue « radicalisation ». S'il est encore aujourd'hui difficile de cerner ce que recouvre ce terme, l'analyse des discours qui lui ont donné corps montre que la pratique religieuse, et notamment sa composante vestimentaire, y est centrale, qu'il s'agisse, pour les hommes, du port du qamis (longue tunique) ou, pour les femmes, du voile qui masque plus ou moins le visage, au hijab, qui se contente de couvrir les cheveux ou les oreilles, en passant par le niqab et la burka, qui dissimulent intégralement le visage et le corps. Le visage et son degré de dissimulation sont ainsi employés comme une échelle de la radicalisation : plus le visage est couvert, plus la femme musulmane et son entourage sont supposés « radicalisés ».

Ce concept de radicalisation est également le chaînon idéologique qui a rendu possible la construction d'un discours établissant une continuité entre islam, islamisme et terrorisme islamiste. Ce discours, qui repose sur très peu d'études scientifiques[1] lorsqu'il n'est pas carrément contesté par une grande partie de la communauté universitaire[2], s'apparente à d'autres discours simplificateurs, comme celui de la continuité supposée entre la consommation de cannabis et l'usage de drogues dites dures. Le seul intérêt de ces discours est celui de la simplicité – une simplicité qui est également a la base d'un modèle de communication sur lequel le politique peut s'appuyer pour légitimer l'édiction de normes répressives portant sur le comportement.

Ce fut notamment le cas pendant l'état d'urgence de 2015. Mon exercice professionnel m'avait alors permis de me rendre compte de la manière dont ces discours étaient mis au service de la pratique gouvernementale. De nombreuses personnes assignées à résidence ou perquisitionnées administrativement m'avaient en effet confié leur défense. Nous avions contesté « en référé-liberté » – une procédure d'urgence qui permet d'avoir un jugement en quarante-huit heures – les arrêtés d'assignation

1. Voir notamment Gilles Kepel, *Terreur dans l'Hexagone. Genèse du djihad français*, Paris, Galimard, 2015.
2. Voir Laurent Bonelli et Fabien Carrié, *La Fabrique de la radicalité. Une sociologie des jeunes djihadistes français*, Paris, Seuil, 2018.

à résidence. Notre adversaire était le ministère de l'Intérieur. Celui-ci produisait des mémoires, c'est-à-dire son argumentaire pour demander au juge administratif de maintenir l'assignation à résidence. Les pièces produites par le ministère se résumaient le plus souvent à ce qu'on appelle une « note blanche » : une feuille de papier sur laquelle figuraient des informations sur la personne assignée à résidence. Cette note n'était pas signée et les sources des informations qu'elle contenait n'étaient la plupart du temps pas renseignées. Lorsque la mesure concernait une femme ou un homme marié, il était systématiquement fait référence au port du voile de la femme, censé constituer un signe de radicalisation manifeste.

Très souvent, un article de *Dabiq*, un journal de propagande de l'État islamique, était également versé au dossier. Il faisait la promotion de la *taqîya*, une méthode de dissimulation des intentions politiques utilisée par les djihadistes. Cet article permettait au ministère de l'Intérieur de suppléer rhétoriquement à l'absence de preuves chronique concernant la menace que le requérant pouvait présenter. Ainsi, s'il n'y avait pas de preuves, c'était justement parce que l'individu appliquait la *taqîya*. L'absence de preuves devenait la preuve de la menace. Tel qu'il a été conçu et voulu par Napoléon, le Conseil d'État se révèle être plus une juridiction de protection de la puissance publique qu'une juridiction de protection des administrés. Ce faisant, il a tendance à accepter régulièrement ce type d'arguments et refuse la plupart du temps de critiquer ou de remettre en cause la fiabilité ou la crédibilité des éléments apportés par le ministère de l'Intérieur. C'est ainsi que pendant l'état d'urgence, la logique du soupçon et les arguments vestimentaires, notamment liés au port du voile, permirent de maintenir des personnes sous le régime de l'assignation à résidence.

La dissimulation du visage a refait son apparition au cœur de l'actualité législative pendant le mouvement des Gilets jaunes. La loi du 10 avril 2019 visant à renforcer et garantir le maintien de l'ordre public lors des manifestations, plus connue sous le nom de « loi anticasseurs », a en effet créé un nouveau délit : le fait de dissimuler intégralement ou partiellement son visage aux abords d'une manifestation est dorénavant puni d'une peine maximale d'un an d'emprisonnement et de 15 000 euros d'amende. Si les arguments justifiant l'interdiction du voile islamique à l'école étaient de plusieurs natures, la motivation de cette nouvelle infraction est beaucoup plus explicite. Pour l'État, la dissimulation du visage dans une manifestation est synonyme de radicalisation violente. Peu importe si l'usage des gaz lacrymogènes a explosé depuis les derniers mouvements sociaux, contraignant tout manifestant, journaliste ou observateur à se protéger la bouche, le nez et les yeux en conséquence. Le seul objectif de cette nouvelle loi est d'obliger les manifestants et opposants politiques à garder leur visage nu, parfaitement identifiable tant par les caméras de vidéosurveillance que par les services de renseignement et les forces de police.

Dans le même temps, depuis la fin du premier confinement, le fait de ne pas porter de masque et, partant, de ne pas avoir le visage partiellement dissimulé, est sanctionné pénalement. Lors du premier rassemblement post-confinement devant le tribunal judiciaire de Paris, organisé par le comité La vérité pour Adama à la suite du décès de George Floyd, la plupart des personnes présentes étaient masquées. Le droit français fait ainsi coexister deux infractions pénales qui sanctionnent en un même temps et un même lieu deux comportements diamétralement opposés : le fait de porter un masque et le fait de ne pas en porter.

La contradiction ne s'arrête pas là puisqu'à peine quelques mois avant d'instaurer l'infraction de non-port du masque, au début de la crise sanitaire, le gouvernement interdisait l'achat de masques par le grand public, procédait à des réquisitions massives et allait jusqu'à affirmer que les masques n'étaient pas nécessaires, voire qu'ils étaient dangereux, pour lutter contre l'épidémie. Pourtant, nous le verrons, dès le début de l'épidémie de Covid-19, l'OMS préconisait le port du masque pour les personnes susceptibles d'être contaminées. Quand on sait que dans de nombreux cas, les personnes étaient asymptomatiques ou pouvaient être contagieuses avant de développer des symptômes, cette recommandation pouvait, ou aurait dû, s'appliquer au plus grand nombre.

Du masque dangereux...

Je ne suis ni médecin, ni épidémiologiste pour juger de la situation d'urgence ou de ce à quoi aurait pu ressembler l'évolution de l'épidémie sur le territoire français si certaines mesures avaient été adoptées plus tôt. Il est cependant impossible de faire fi des nombreux avis et recommandations émanant de la communauté scientifique ou d'institutions scientifiques, qui ont mis en garde contre la dangerosité de l'épidémie bien avant son développement sur le territoire français et l'adoption de l'état d'urgence sanitaire. L'étude des normes et des règlements qui s'imposaient à l'exécutif s'agissant des mesures à prendre pour éviter une épidémie, et désormais l'historique de la gestion de la crise sanitaire, permettent de se prononcer tout au moins sur la probabilité de l'avènement de l'urgence et, partant, sur la nécessité de l'état d'urgence sanitaire.

Dans une note du 29 janvier 2020, puis dans une recommandation faite aux voyageurs internationaux datée du 29 février 2020, l'OMS indiquait clairement que le masque était nécessaire, du moins pour les personnes présentant les symptômes du Covid-19. Pour l'OMS, tousser et avoir de la fièvre impliquaient de porter un masque en public. Dès sa première réunion du 12 mars 2020, le comité scientifique créé par la présidence de la République recommandait quant à lui expressément de s'assurer de la disponibilité des masques chirurgicaux pour la population.

Mais malgré ces recommandations médicales, nationales comme internationales, l'administration et le gouvernement continuaient d'affirmer que les masques étaient inutiles. Le 4 mars 2020, Jérôme Salomon, directeur général de la Santé, déclarait ainsi sur BFMTV que « les masques n'ont aucun intérêt pour le grand public ». Le même jour, Sibeth Ndiaye, porte-parole du gouvernement, expliquait sur sa page Twitter qu'il « ne faut pas acheter de masques. Ces derniers sont uniquement pour les personnes atteintes du #coronavirus et le personnel soignant. Nous avons donné des instructions aux pharmacies pour qu'elles ne distribuent des masques que sur prescription médicale[3] ». Le 13 mars, Édouard Philippe, Premier ministre, affirmait quant à lui sur TF1 que « le port de masque, en population générale dans la rue, ça ne sert à rien[4] ».

3. https://twitter.com/SibethNdiaye/status/1235159985425993733
4. Voir Jack Dion, « D'inutile à quasi obligatoire : la comédie du masque a trop duré », *Marianne*, 28 avril 2020, en ligne : www.

Les déclarations prennent même une tournure de reproche, voire d'interdiction d'achat, à partir du 16 mars. Ce jour-là, dans sa déclaration à la presse Olivier Véran, ministre de la Santé, note : « Je suis surpris de voir, par la fenêtre de mon ministère, le nombre de personnes qui sont dans la rue avec des masques [...] alors que cela ne correspond pas à des recommandations[5]. » Édouard Philippe va même jusqu'à évoquer une dangerosité des masques le 1er avril : « Il n'y a pas de preuve que le port du masque dans la population apportera un bénéfice. Ce serait plutôt le contraire, à cause d'une mauvaise utilisation[6]. » Le 17 mars, sur BFMTV Sibeth Ndiaye déclare encore que « les Français ne pourront pas acheter de masques dans les pharmacies car ce n'est pas nécessaire si on n'est pas malade[7] », une posture corroborée par Jérôme Salomon le 18 mars lorsqu'il affirme que les masques sont « totalement inutiles pour toute personne dans la rue[8] ».

---

marianne.net/debattons/editos/d-inutile-quasi-obligatoire-la-comedie-du-masque-trop-dure

5. *Ibid.*
6. *Ibid.*
7. *Ibid.*
8. Voir « Inutile, recommandé puis obligatoire... Comment le gouvernement a changé de discours sur le port du masque en six mois », vidéo, *Orange.fr*, en ligne : https://actu.orange.fr/societe/videos/inutile-recommande-puis-obligatoire-comment-le-gouvernement-a-change-de-discours-sur-le-port-du-masque-en-six-mois-CNT000001sA3cu.html

Le gouvernement va encore plus loin lorsqu'il adopte, le 13 mars 2020, un décret (n° 2020-247) permettant de réquisitionner d'une part les masques de protection respiratoire (de type FFP2, FFP3, N95, N99, N100, P95, P99, P100, R95, R99, R100) détenus par toute personne morale de droit public ou de droit privé, et d'autre part des stocks de masques anti-projections détenus par les entreprises qui en assurent la fabrication ou la distribution.

Ainsi le gouvernement prétend qu'en dehors des cas de contamination avérée au Covid-19, le masque est inutile. Les pharmacies ne sont plus ravitaillées en masques chirurgicaux. Et les stocks privés sont réquisitionnés, rendant impossible leur délivrance au grand public mais également aux personnes présentant des symptômes.

Il est parfaitement audible que le gouvernement n'ait pas imposé le port du masque dans l'espace public ou sur les lieux de travail lorsque les recommandations de l'OMS et du comité scientifique ne le suggéraient pas. Mais comment comprendre les injonctions négatives au port du masque et les réquisitions visant à rendre impossible d'en acquérir ? La nécessité de réserver les stocks de masques disponibles aux secteurs vitaux comme les hôpitaux pourrait également justifier cette prise de décision. Encore eût-il fallu, pour permettre au secteur du soin d'être correctement approvisionné, que les stocks de masques soient renouvelés conformément à la réglementation en vigueur. Ce ne fut pas le cas…

De nombreuses enquêtes journalistiques attribuent le positionnement du gouvernement à l'absence de stocks disponibles et à leur gestion chaotique. *Mediapart* et *Le Monde* ont ainsi publié des enquêtes qui établissaient que le ministre de la Santé avait eu connaissance de la faiblesse des stocks de masques depuis le mois de janvier mais qu'il avait ignoré les nombreux signalements formulés par l'administration. La cellule interministérielle créée au mois de mars 2020 dans le but de remédier à cette pénurie n'avait pu se procurer que 40 millions de masques, soit la consommation d'une semaine en période épidémique. C'est cette situation qui avait conduit le gouvernement à communiquer sur l'inutilité du port du masque alors même qu'il avait parfaitement conscience que c'est l'inverse qui était vrai.

Nous le savons, il existe différents types de masques, de qualité et de fonction différentes. Certains masques chirurgicaux, tout comme les masques en tissu que nous portons dans la rue, permettent d'éviter aux porteurs du virus de contaminer d'autres personnes. Mais les masques FFP2 et FFP3 sont les seuls qui permettent d'éviter d'être soi-même contaminé. Ils sont prioritairement destinés aux soignants ou aux personnes les plus à risque – personnes âgées, immunodéficientes et/ou présentant des pathologies respiratoires. Début janvier 2020, il existait un stock de 80 millions de stocks chirurgicaux, soit l'équivalent de deux semaines d'épidémie, et aucun stock de masques FFP2 et FFP3.

La décision de ne pas renouveler les stocks stratégiques de l'État est bien sûr plus ancienne et remonte bien avant l'épidémie de Covid-19. Néanmoins, aucun élément objectif ou rationnel ne permet de comprendre la communication qui a visé à déconseiller l'usage des masques en tissu. À la suite de plaintes déposées par le Collectif Inter-Urgences (constitué de soignants), une enquête préliminaire est en cours pour déterminer les carences dans la gestion de la crise sanitaire par le gouvernement.

… au masque obligatoire

Ce n'est qu'à partir du début du mois d'avril 2020 que les doctrines officielles se mettent lentement à évoluer. Jérôme Salomon infléchit sa position en « encourageant » le grand public à s'en doter[9], tandis que, dans les jours qui suivent, Olivier Véran ouvre la voie

9. « Faut-il généraliser le port du masque ? Le discours officiel commence à s'infléchir », *Le Monde*, 4 avril 2020, en ligne : https://www.lemonde.fr/planete/article/2020/04/04/faut-il-generaliser-le-port-du-masque-le-discours-officiel-s-inflechit_6035546_3244.html

à sa possible généralisation[10]. Finalement, le 13 avril, le président de la République Emmanuel Macron déclare, lors d'une allocution télévisée : « L'État, à partir du 11 mai, en lien avec les maires, devra permettre à chaque Français de se procurer un masque grand public. Pour les professions les plus exposées et pour certaines situations, comme dans les transports en commun, son usage pourra devenir systématique[11]. »

Fin avril, à la faveur de l'amélioration des stocks, la vente de masques redevient autorisée dans les pharmacies[12] tandis que plusieurs enseignes de grande distribution communiquent sur leur mise en vente. Le 2 mai 2020, le ministre de l'Intérieur, Christophe Castaner, alors qu'il présente le projet de loi prorogeant l'état d'urgence sanitaire, indique que le port du masque dans les transports en commun sera rendu obligatoire. Et depuis le mois d'août 2020, le port du masque est effectivement obligatoire dans l'espace public. Il

10. Olivier Faye, « Port du masque : le gouvernement amorce un virage à 180 degrés », *Le Monde*, 6 avril 2020, en ligne : https://www.lemonde.fr/politique/article/2020/04/06/port-du-masque-l-executif-amorce-un-virage-a-180-degres_6035698_823448.html

11. « "Nous tiendrons" : l'intégralité du discours d'Emmanuel Macron », *Le Monde*, 13 avril 2020, en ligne : https://www.lemonde.fr/politique/article/2020/04/13/nous-tiendrons-l-integralite-du-discours-d-emmanuel-macron_6036480_823448.html.

12. « Arrêté du 25 avril 2020 modifiant l'arrêté du 15 février 2020 fixant la liste des marchandises dont les pharmaciens peuvent faire le commerce dans leur officine. »

devient également obligatoire dans les entreprises publiques et privées, y compris dans les *open spaces*, les couloirs et dans les salles de réunion.

En quelques mois, le masque est ainsi passé d'accessoire supposément dangereux et déconseillé à outil obligatoire pour lutter contre l'épidémie de Covid-19. Comment expliquer ce retournement ? La chronologie de cette transformation permet d'affirmer que le gouvernement avait dès l'origine conscience de la nécessité impérieuse de porter un masque pour réduire le risque de contamination. Emmanuel Macron ainsi que plusieurs membres du gouvernement ont d'ailleurs depuis reconnu des erreurs, tout au moins de communication. Qu'est-ce qui justifie alors que le gouvernement ait fait le choix de dissuader la population notamment celle contrainte de travailler de se protéger de la contamination ?

Plusieurs hypothèses peuvent être posées, sans qu'il soit encore possible d'en vérifier l'exactitude. Une première explication pourrait consister dans une décision politique délibérée de laisser circuler le virus et de favoriser la contamination rapide. Il s'agit de l'hypothèse de l'immunisation collective, choisie par certains pays comme la Suède ou, au début de l'épidémie, par le Royaume-Uni. Elle pourrait d'ailleurs expliquer la sortie du président de la République le 7 mars 2020, quelques jours avant l'instauration du confinement, incitant la population à continuer à vivre normalement, notamment en se rendant au théâtre. Mais aucune autre preuve ne permet à ce jour de s'aventurer plus avant dans cette hypothèse. L'explication du gouvernement consiste à reconnaître une pénurie de masques liée à des décisions politiques des gouvernements successifs. Or, s'il est vrai que cette pénurie peut justifier la décision de réquisitionner les stocks de masques disponibles au profit des établissements hospitaliers, elle n'explique pas l'injonction à ne pas en porter, d'autant plus lorsqu'on sait que l'utilisation de masques en tissu aurait pu suppléer celle de masques fabriqués industriellement.

Cette hypothèse mettrait en évidence la volonté du gouvernement de ne pas reconnaître les carences de l'État et les fautes individuelles commises en amont, dans la préparation de cette épidémie qu'on savait pouvoir advenir. Si tel était le cas, alors nous serions devant un abîme : celui d'une décision politique dangereuse dont le seul objectif aurait été de protéger l'autorité de l'État et ses représentants d'éventuelles poursuites pénales ou administratives dans la gestion de la crise sanitaire.

Quoi qu'il en soit, on ne peut donc exclure de ce qui précède l'idée d'une défiance structurelle de l'État à l'égard de la dissimulation du visage. Une telle défiance aurait pu contribuer à dissuader de manière générale et absolue tout individu de porter un masque. Prendre la décision d'autoriser toute une population à se masquer revient en effet à « l'invisibiliser » et à se priver de la possibilité de l'identifier et de la surveiller correctement ; se priver de toute la logistique de surveillance des individus mise en place depuis plusieurs décennies avec les interdictions successives de dissimulation du visage – du voile islamique au masque en passant par les protections dans les manifestations.

Quelles que soient les motivations ou les raisons qui ont présidé à ces décisions aux conséquences si graves, elles ont contribué à l'expansion de l'épidémie sur le territoire français ainsi qu'à la création et à la déclaration d'un nouveau type d'état d'urgence : l'état d'urgence sanitaire.

2

L'état d'urgence sanitaire ou l'avènement du « sujet virus »

Le 7 mars 2020, Emmanuel Macron et son épouse sont au théâtre pour inciter les Français à ne pas déserter les salles de spectacle. La colère des soignants commence à gronder. Le 9 mars, les rassemblements de plus de 1 000 personnes sont interdits. Le 11 mars, l'OMS déclare l'état de pandémie. Le 12 mars, le ministre de l'Éducation exclut de fermer les écoles mais le même jour, le président de la République annonce pourtant la fermeture des écoles, cinémas, bars et restaurants, ainsi que l'interdiction de tout rassemblement de plus de 100 personnes. Ces interdictions sont mises en œuvre par un arrêté du 14 mars 2020[1], distanciation sociale et gestes barrières en guise de stratégie de combat.

1. Voir également le discours d'Édouard Philippe du 14 mars 2020 : https://www.gouvernement.fr/partage/11444-declaration-de-m-edouard-philippe-premier-ministre-sur-le-covid-19.

Malgré ces mesures, le premier tour des élections municipales du 15 mars est maintenu. Les personnes âgées et fragiles sont incitées à rester chez elles[2]. Malgré une abstention record, 21 millions de personnes sur 47 millions se côtoieront néanmoins dans les bureaux de vote, sans masques et parfois sans gel hydroalcoolique. Quelques heures plus tard, un arrêté interdit l'ouverture des commerces qui ne sont pas indispensables à la vie de la nation ; lesdits commerces sont déterminés par une liste limitative. Enfin, le lendemain, le confinement est annoncé et mis en œuvre par un décret signé par le Premier ministre Édouard Philippe, le ministre de la Santé Olivier Véran, et le ministre de l'Intérieur Christophe Castaner.

De l'état d'urgence sécuritaire à l'état d'urgence sanitaire

L'état d'urgence de 2015, fondé sur la loi du 3 avril 1955, autorisait les assignations à résidence administratives de militants politiques ou de toute personne

2. Voir « #Restecheztoi : face au coronavirus, des soignants appellent les électeurs à ne pas aller voter aux municipales », *francetvinfo*, 15 mars 2020, en ligne : https://www.francetvinfo.fr/sante/maladie/coronavirus/restecheztoi-face-au-coronavirus-des-soignants-appellent-les-electeurs-a-ne-pas-aller-voter-aux-municipales_3867489.html

susceptible de constituer une menace pour la sécurité ou l'ordre public. Ces assignations à résidence, ordonnées par le préfet, visaient nominativement certaines personnes et consistaient à leur interdire de sortir de chez elles la nuit, en les contraignant à pointer au commissariat jusqu'à trois fois par jour. Si elles ont concerné des militants écologistes soupçonnés de vouloir participer à des actions politiques pendant la COP21[3], ces assignations à résidence visaient majoritairement des personnes de confession musulmane considérées comme radicalisées et dénoncées comme ayant une pratique religieuse trop intense, ou des liens directs ou indirects avec des personnes parties en Syrie ou ayant participé à la commission d'infractions terroristes[4].

Le décret du 16 mars 2020, pris en application de l'article L.3131-1 du Code de la santé publique et instaurant des mesures visant à prévenir l'épidémie, était quant à lui autrement plus lourd de conséquences. Il entravait les libertés d'aller et de venir, de réunion, de manifestation, d'entreprendre, de mener une vie

3. Voir Adrien Pécout et Laurent Borredon, « Les militants de la COP21, cibles de l'état d'urgence », *Le Monde*, 27 novembre 2015, en ligne : www.lemonde.fr/societe/article/2015/11/27/les-militants-de-la-cop21-cible-de-l-etat-d-urgence_4818885_3224.html

4. Voir Jean-Baptise Jacquin et Julia Pascual, « État d'urgence : “Je serais terroriste parce que musulman” », *Le Monde*, 31 octobre 2017, en ligne : www.lemonde.fr/police-justice/article/2017/10/31/etat-d-urgence-je-serais-terroriste-parce-que-musulman_5208377_1653578.html

familiale normale de toute personne vivant sur le territoire de la République française.

Cependant, un simple décret fondé sur les pouvoirs de police sanitaire du ministre de la Santé ne pouvait suffire à imposer de telles atteintes aux libertés, inédites dans l'histoire de France, dès lors qu'elles incombent constitutionnellement au législateur. En effet, les dispositions du Code de la santé publique permettant de prendre des mesures pour lutter contre une épidémie n'avaient jamais passé le filtre des recours éventuels devant le Conseil d'État ou le Conseil constitutionnel. Il existait un risque important d'invalidation des atteintes aux libertés prises sur ces fondements juridiques.

Sans annonce préalable dans les discours officiels du président de la République et du Premier ministre, le gouvernement décidait d'instaurer un nouveau dispositif légal d'exception, l'état d'urgence sanitaire, soumis au Parlement par un projet de loi voté le 23 mars 2020. Calqué sur le modèle de la loi d'état d'urgence du 3 avril 1955, instaurée pendant la guerre d'Algérie et visant à octroyer plus de pouvoirs à l'exécutif en réduisant les libertés publiques sans avoir recours à l'état de siège prévu par l'article 16 de la Constitution, le premier état d'urgence sanitaire de l'histoire de France était ainsi mis en œuvre[5].

5. Article L3131-12 du Code de la santé publique.

La loi d'état d'urgence du 3 avril 1955 a été utilisée pendant une période de six mois contre les indépendantistes algériens. À la suite de la tentative de coup d'État des généraux français, le 13 mai 1958, l'état d'urgence est à nouveau proclamé. C'est encore le cas en 1961, avec le décret du général de Gaulle datant du 23 avril, tandis qu'est rédigé au même moment l'article 16 de la Constitution de 1958, autre régime d'exception accordant les pleins pouvoirs au chef de l'État, qui est prolongé jusqu'au 31 mai 1963. L'état d'urgence est également mis en œuvre entre le 12 janvier et le 30 juin 1985, en réaction aux revendications indépendantistes de Nouvelle-Calédonie, avant d'être déclaré sur le territoire de Wallis-et-Futuna le 29 octobre 1986, puis le 24 octobre 1987 en Polynésie française jusqu'au 5 novembre 1987. Le 8 novembre 2005, il est à nouveau instauré sur l'ensemble du territoire d'Île-de-France par décret du président de la République lors des émeutes des banlieues à la suite du décès de Zyed Benna et Bouna Traoré, et prorogé jusqu'au 4 janvier 2006. Enfin, le décret du 14 novembre 2015 le met en place à la suite des attentats du 13 novembre 2015. Il prend fin, après de nombreuses prorogations, le 1er novembre 2017, soit près de deux ans après son commencement.

Pendant l'état d'urgence de 2015 qui a duré près de deux ans, l'État français a ordonné 4 444 perquisitions administratives, 754 assignations à résidence, 656 interdictions de séjour, 59 périmètres de sécurité, 39 interdictions de manifester, 29 fermetures de salles ou de débits de boissons, 6 remises d'armes, 19 fermetures de lieux de culte et 5 229 arrêtés autorisant des contrôles d'identité, des fouilles de bagages et de véhicules[6].

L'état d'urgence a d'abord été décrété en Conseil des ministres le 14 novembre 2015, avant d'être prorogé six fois de suite jusqu'au 1er novembre 2017[7]. Les trois mesures principales consistaient à autoriser le préfet à interdire à une personne donnée de manifester, à prendre un arrêté d'assignation à résidence à son égard, et à perquisitionner son domicile. En temps normal, toute mesure privative ou restrictive de liberté qui dure plus de quarante-huit heures ne peut être décidée et poursuivie que par un juge judiciaire : le juge des libertés et de la détention. Pendant l'état d'urgence, en revanche, il appartient à l'État, par l'intermédiaire du préfet, de prendre cette décision qui peut être soumise

6. Chiffres empruntés à Stéphanie Hennette Vauchez, Maria Kalogirou, Nicolas Klausser, Cédric Roulhac, Serge Slama et Vincent Souty, « Ce que le contentieux administratif révèle de l'état d'urgence », *in* Didier Bigot et Laurent Bonelli (dir.), « L'état d'urgence en permanence (1) », *Cultures & Conflits*, n° 112, 2018, p. 36.

7. Voir Jean-Baptise Jaquin et Julia Pascual, « Deux ans après, la fin de l'état d'urgence », *Le Monde*, 31 octobre 2017, en ligne : www.lemonde.fr/police-justice/article/2017/10/31/la-fin-de-l-etat-d-urgence_5208400_1653578.html

à un recours par la personne visée devant le juge administratif. Il en est de même pour la perquisition, qui peut être décidée par le préfet alors qu'en temps normal elle ne peut être ordonnée que par un magistrat judiciaire. L'état d'urgence confère ainsi des pouvoirs exceptionnels à l'État, qui a le pouvoir de prendre des mesures attentatoires à la liberté individuelle d'aller et de venir et au droit à la vie privée sans même consulter un juge judiciaire, qui est pourtant, sur le fondement de l'article 66 de la Constitution, le garant de la liberté individuelle.

Si l'on s'en tient à la lettre de loi sur l'état d'urgence[8], l'État de droit semble être préservé. En effet, il est toujours possible d'exercer un recours devant un juge contre les décisions d'assignation, de perquisition ou d'interdiction de manifester. Pourtant, l'état d'urgence de 2015 a révélé une transformation radicale et pérenne de l'équilibre des pouvoirs institutionnels, voire une fragilisation fondamentale de l'État de droit[9].

À lire une déclaration d'une rapporteuse spéciale des Nations unies dépendant du Conseil des droits de l'homme, l'organe international chargé de contrôler le respect des droits de l'homme et des outils

8. Loi n° 55-385 du 3 avril 1955 relative à l'état d'urgence.
9. Voir « État d'urgence : la mise en garde du vice-président du Conseil d'État », *Les Échos*, 18 novembre 2016.

internationaux est particulièrement sévère à l'égard de la France concernant cette période[10]. Elle partage les observations de la majorité des professeurs, praticiens du droit et ONG qui ont étudié cette période[11]. L'état d'urgence a produit une transformation sans précédent et définitive de l'équilibre institutionnel, politique et judiciaire de l'Hexagone. En premier lieu, le concept de radicalisation est considéré comme opaque. Ses critères ne résultent d'aucune méthode d'évaluation scientifique et il n'est jamais défini[12]. Lorsque l'on sait que la radicalisation est le motif principal des mesures d'assignation à résidence, de perquisition, d'interdiction de manifester et de fermeture d'entreprises ou de lieux de culte, il y a de quoi s'inquiéter. La radicalisation est à l'état d'urgence de 2015 ce que le risque de contamination est à l'état d'urgence sanitaire : un concept flou.

10. Nations unies, « Déclaration publique sur la loi relative à l'état d'urgence et sur la loi relative à la surveillance des communications électroniques internationales », 19 janvier 2016, en ligne : www.ohchr.org/FR/NewsEvents/Pages/DisplayNews.aspx?NewsID=16961&LangID=F
11. Voir notamment François Julien-Laferrière, « L'état d'urgence : un danger potentiel pour les libertés », *Lextenso*, 21 juillet 2016, en ligne : www.actu-juridique.fr/administratif/libertes-publiques-ddh/letat-durgence-un-danger-potentiel-pour-les-libertes/
12. Voir Marie Dumoulin, « Déconstruire la radicalisation : implications et limites de la notion », *Confluences Méditerranée*, n° 105, 2018, p. 171-181.

Du sujet radicalisé au « sujet virus »

« Radicalisation », « risque de contamination » : on pourrait penser que les deux termes ont peu en commun, le premier relevant d'une évaluation psychologisante et politique incertaine et le second de préconisations scientifiques. Pourtant, la gestion médico-administrative de l'épidémie et de l'état d'urgence sanitaire permet au contraire de comprendre que les mesures prises par le gouvernement ont davantage été déterminées par les stocks de masques disponibles que par les avis du comité scientifique et de l'OMS.

J'ai assisté une quinzaine de personnes qui ont été victimes des mesures de l'état d'urgence en 2015. Leurs domiciles ont été perquisitionnés administrativement et nombre d'entre elles ont fait l'objet d'une assignation à résidence. Si l'expression « victime de l'état d'urgence » peut interroger dès lors que ces mesures avaient été mises en place pour faire face à une menace terroriste, aucune des personnes dont j'ai assuré la défense n'avait jamais été poursuivie pour des infractions à caractère terroriste. Les motifs qui figuraient dans les arrêtés de perquisition ou d'assignation à résidence n'ont jamais été confirmés autrement que par des notes blanches[13]. Et la majorité d'entre elles ont vu ces mesures abrogées par le ministère de l'Intérieur quelques semaines ou mois après qu'elles avaient été prises, parfois avant même que le tribunal administratif ou le Conseil d'État, juridictions de recours contre ces mesures, n'aient eu le temps de se prononcer sur leur validité ou leur bien-fondé. Les indemnisations qu'elles ont perçues ont été tout aussi symboliques, voire inexistantes. Pourtant, ce que toutes ces personnes m'ont raconté relève d'une violence qu'elles n'auraient jamais eu à subir si elles n'avaient pas été musulmanes pratiquantes. Je me souviendrai toujours de ce chauffeur VTC assigné à résidence, frappé par plusieurs AVC quelques jours après une perquisition plus que musclée dans sa maison familiale, au cours de laquelle la porte d'entrée avait été enfoncée en pleine nuit sur ordre du préfet[14] ; de ce grand-père menotté devant ses petits-enfants, là encore au beau milieu de la nuit ; de cette famille contrainte de déménager après une perquisition pour éviter le regard du voisinage ; de

13. Pierre Alonso, « Notes blanches : les corbeaux de la Place Beauvau », *Libération*, 15 février 2016.
14. Voir « État d'urgence : des dérives dans les assignations à résidence ? », *FrancetvInfo*, 22 juin 2017, en ligne : www.francetvinfo.fr/faits-divers/terrorisme/attaques-du-13-novembre-a-paris/etat-d-urgence-en-france/etat-durgence-des-derives-dans-les-assignations-a-residence_2249257.html

ceux qui furent dénoncés par leurs employeurs ou leurs voisins en raison de conflits personnels, licenciés ou contraints de démissionner de leurs emplois.

La perquisition administrative était généralement physiquement violente car effectuée en pleine nuit et la plupart du temps accompagnée d'un enfoncement de porte, d'un plaquage au sol, face contre terre, et d'un menottage. Lorsqu'une personne dépositaire de l'autorité publique use de la force et exerce une contrainte et une violence, la victime est désignée naturellement – par le conditionnement social, médiatique et civique – comme une personne qui a mérité son sort – comme si elle était, d'une certaine manière, un peu responsable de la violence qui s'est exercée sur elle. Par conséquent, il est difficile d'éprouver pour cet individu une forme d'empathie, de ressentir la souffrance, la douleur, les blessures et le trauma souvent pérennes qu'elle a éprouvés. Il me semble qu'on peut parler d'une anesthésie de l'empathie pour les victimes des dépositaires de la force publique.

L'assignation à résidence constitue une autre forme de violence, plus latente, plus insidieuse, mais également à l'œuvre. En 2015, les personnes assignées à résidence étaient contraintes de demeurer à leur domicile de 20 heures à 8 heures du matin, puis avaient l'obligation de se rendre au commissariat le plus proche jusqu'à trois fois par jour. Les personnes malades, fragiles ou handicapées assignées à résidence[15] étaient contraintes d'avoir recours à des taxis ou des chauffeurs malgré leur situation financière déjà précaire du fait de l'impossibilité de travailler. Pour les autres, les allers-retours au commissariat occupaient l'essentiel de leur temps jusqu'au couvre-feu nocturne.

L'état d'urgence sanitaire, et plus spécifiquement le confinement, a donné lieu à une très importante littérature médiatique et juridique. Pourtant, et c'est suffisamment remarquable pour le souligner, rares ont été les commentateurs qui ont ébauché une réflexion sur les éventuelles corrélations entre l'assignation à résidence, mesure de l'état d'urgence, et le confinement comme mesure d'assignation à résidence généralisée à toute la population[16]. Nous savons désormais qu'il existe une corrélation ou une continuité juridique et politique entre l'assignation à résidence de 2015, le confinement de 2020 et, plus généralement, entre les différentes mesures des états d'urgence successifs.

Les similitudes entre les deux formes d'état d'urgence sont importantes. Outre le fait que la loi sur l'état

15. Voir Maxime Huteau, « Rashad, migrant handicapé et assigné à résidence », *Ouest France*, 21 février 2018.
16. Voir néanmoins, à ce sujet, Paul Cassia, « Le confinement : 67 millions de privations arbitraires de liberté », *Libération*, 12 mai 2020, repris sur le blog Mediapart de l'auteur : https://blogs.mediapart.fr/paul-cassia/blog/120520/le-confinement-67-millions-de-privations-arbitraires-de-la-liberte-de-circuler

d'urgence sanitaire a été calquée sur celle de l'état d'urgence issu de la loi de 1955, la temporalité de ces états d'urgence se rapproche sensiblement. Ainsi, tous deux ont commencé brutalement, et tous deux se prolongent indéfiniment dans le temps. L'état d'urgence de 2015 a été prorogé six fois, non seulement en raison de l'incertitude concernant la menace terroriste, mais surtout à cause du risque politique que représentait sa suspension pour le gouvernement et le Parlement. Dans un second temps, ses mesures essentielles ont été intégrées dans le droit commun par la loi du 30 octobre 2017 renforçant la sécurité intérieure et la lutte contre le terrorisme, dite « loi SILT ».

L'état d'urgence sanitaire, quant à lui, a débuté le 23 mars 2020 et a été prorogé le 11 mai 2020, jusqu'au 10 juillet de la même année. Le 9 juillet, une loi organisant la sortie de l'état d'urgence prévoyait une période transitoire jusqu'au 30 octobre, au cours de laquelle le Premier ministre pouvait interdire la circulation des personnes et des véhicules, et réglementer l'accès aux transports collectifs ainsi que l'ouverture des établissements recevant du public tels que les restaurants, les cinémas et les lieux de réunion. À l'heure où je rédige cet ouvrage, l'état d'urgence sanitaire devrait être prolongé jusqu'au 16 février 2021. Il est fort probable qu'il soit encore prolongé à l'issue de cette période et que nombre de ses dispositions remplacent définitivement le droit commun.

L'un des mécanismes essentiels du passage du droit commun à l'état d'urgence, qu'il soit sécuritaire ou sanitaire, repose sur la façon dont chaque individu est appréhendé par l'État. Dans le droit commun, tout individu est sujet de droit. Il est paré d'un masque juridique protecteur qui lui permet d'avoir un état civil, une capacité juridique, de conclure des contrats, de saisir la justice. Lorsqu'il est interpellé par la police et jugé devant un tribunal, il dispose de droits : il peut notamment garder le silence, faire appel à un avocat, consulter son dossier. Il a le droit d'être jugé par un juge impartial et indépendant, le juge judiciaire. Il bénéficie d'un grand nombre de libertés, notamment celles d'aller et venir, d'avoir une vie privée ou de travailler.

Pendant l'état d'urgence sécuritaire, et notamment celui de 2015, un grand nombre de ces libertés sont profondément restreintes. Une personne assignée à résidence n'a plus la liberté d'aller et venir. Elle peut être perquisitionnée sur la seule décision de l'État, sans qu'un juge judiciaire n'intervienne. S'il est vrai qu'elle peut contester ces mesures, cela se passe devant un juge administratif, qui n'assure pas les mêmes garanties d'impartialité et d'indépendance qu'un juge judiciaire, et dont la manière de juger diffère. Le tribunal administratif est en effet composé de juges issus du sérail administratif, qui sont très complaisants vis-à-vis de leur institution, même s'ils sont pourvus d'un statut indépendant. Dans la plupart des cas, les juges administratifs n'acceptent de contredire les décisions de l'État qu'à la marge, en cas d'excès manifeste.

L'État n'aurait pas pu restreindre aussi drastiquement les droits et libertés des personnes visées par l'état d'urgence s'il ne leur avait pas retiré préalablement une partie de leur masque juridique protecteur : celui qui fait d'elles des sujets de droit. Or, enlever ce masque revient à essentialiser. Cela signifie que le sujet de droit, qui est une fiction juridique, est progressivement remplacé par un sujet déterminé par une caractéristique identitaire, culturelle, psychologique ou biologique. Ainsi, pendant l'état d'urgence de 2015, certaines personnes sont passées de « sujet de droit » à « sujet radicalisé » par le simple fait de leur pratique confessionnelle, à savoir leur pratique de l'islam.

Le passage à l'état d'urgence sanitaire implique un mécanisme similaire mais à une plus grande échelle, puisque toute la population est intégralement privée, du jour au lendemain, de sa liberté d'aller et venir, de son droit à la vie privée et, pour certains, de leur droit au travail ou à la liberté d'entreprendre. Cette fois, le masque du sujet de droit est enlevé pour laisser apparaître un individu biologique susceptible de contamination. Mais pour appliquer de telles mesures à l'ensemble de la population, il a fallu considérer que tout personne était susceptible d'être contaminée et d'être contagieuse. C'est une véritable identification au virus lui-même qui s'est alors mise en place à travers le discours scientifique et la décision politique. Le « sujet virus » a remplacé le sujet de droit et il peut, dès lors, se voir appliquer l'ensemble des mesures de l'état d'urgence sanitaire. Chaque personne, chaque « sujet virus », est en prise directe avec le pouvoir, en proie à sa toute-puissance, dénué de toute protection, de ses garanties traditionnelles, du droit au juge, à l'avocat, à l'intégrité corporelle, du droit à une protection sociale et à l'intimité.

La tache d'huile ou l'extension concentrique des atteintes aux libertés

Si les états d'urgence sécuritaire et sanitaire ont été déclarés en quelques jours, les mécanismes d'essentialisation et de réduction progressive des libertés se sont inscrits dans la durée. Ils se trouvent au croisement de nombreux discours sécuritaires et de normes juridiques, et mettent l'accent sur des logiques comportementales plutôt que sur des passages à l'acte. Ces discours, pratiques et normes ont pour objectif prioritaire l'annihilation de tout risque social, et visent en premier lieu les marges et les minorités. Dans l'histoire contemporaine française, les premiers visés ont toujours été les jeunes issus de l'immigration – qualifiés de « racailles » par le Président Sarkozy – puis, par extension, les quartiers dans lesquels vivent ces jeunes, qualifiés de « territoires perdus de la République[17] ».

Une fois la disqualification et l'essentialisation réalisées, les pratiques déjà mises en œuvre sont légitimées a posteriori. Ainsi en est-il de la mise en place de brigades anti-criminalité (BAC), assignées à ces quartiers pour y pratiquer un maintien de l'ordre via une répression particulièrement violente, qui multiplient les contrôles au faciès, les interpellations ou les poursuites abusives, et utilisent de nouveaux types d'armes comme les Flash-Ball et les Taser. Ces expérimentations ciblées sur un échantillon démographique et territorial spécifique se sont, dans un second temps, progressivement étendues au reste de la population et du territoire français. De fait, les violences policières contemporaines, pendant longtemps cantonnées aux habitants des quartiers populaires, ont peu à peu gagné les centres des grandes villes par l'intermédiaire du maintien de l'ordre dans les manifestations, lui-même contaminé par les

17. Voir Collectif, *Les Territoires perdus de la République. Antisémitisme, racisme et sexisme en milieu scolaire*, Paris, Mille et une nuits, 2002.

techniques et les équipes de la BAC. La répression et la violence policière sont devenus des techniques de gouvernement.

On retrouve la métaphore de la tache d'huile dans de nombreux domaines liés à la réduction progressive des libertés. C'est notamment le cas en matière de surveillance, où les techniques de vidéosurveillance et de reconnaissance faciale sont expérimentées sur certaines zones géographiques sociologiquement et politiquement « tolérantes ». Ainsi, la ville de Nice est le fer de lance de toutes les nouvelles technologies de surveillance. Ces techniques sont ensuite progressivement étendues au reste de la population dans le cadre de propositions de lois, voire hors cadre légal, comme ce fut le cas pour les drones employés à plusieurs reprises illégalement – j'y reviendrai – à défaut de tout cadre juridique et de garanties pour les personnes surveillées.

De la même manière, la logique du soupçon qui consiste, en matière pénale, à sanctionner des intentions plutôt que des actes, est née dans le domaine des pratiques et discours liés au terrorisme. La France a d'ailleurs été l'une des premières démocraties à adopter une législation antiterroriste préventive, bien longtemps avant le *Patriot Act* étatsunien, qui a fait suite aux attentats du 11 Septembre et qui a notamment créé les statuts de « combattant ennemi » et de « combattant illégal » pour éviter à la fois les contraintes protectrices du droit pénal national et les règles internationales de la guerre. Cette législation antiterroriste est née avec les lois dites « scélérates » destinées à réprimer les mouvements et militants anarchistes au XIXe siècle. Si elles ont été supprimées, elles sont réapparues progressivement dans le corpus légal français après chaque vague d'attentats terroristes. L'infraction d'« association de malfaiteurs en lien avec une entreprise terroriste » est l'archétype de ce type de législation qui consiste à réprimer et à sanctionner un acte préparatoire relevant plus de l'intention que de la commission d'un acte.

C'est cette même infraction qui a été appliquée par cercles concentriques à des militants politiques, comme ce fut le cas lors de l'affaire de Tarnac en 2008, qui s'est finalement soldée par la relaxe des militants accusés d'avoir voulu saboter des lignes de TGV. D'autres infractions répondent à la même logique. C'est le cas de la loi réprimant le « délit de participation à un groupement violent ». Cette infraction, initialement créée avec l'objectif de réprimer les phénomènes opportunistes de casse et de pillage aux abords des manifestations, a vu son domaine s'étendre aux militants et aux manifestants eux-mêmes, et a connu son apogée au cours des manifestations contre la loi Travail de 2014 puis pendant le mouvement des Gilets jaunes. Des milliers de personnes furent interpellées puis jugées sur le fondement de ce texte, quelquefois en raison de la détention de matériel de protection – masques de plongée ou sérum physiologique visant à se protéger des gaz lacrymogènes, ou encore de la simple détention de gilets jaunes. La logique du soupçon généralisé a ainsi contaminé progressivement tout le droit pénal pourtant initialement fondé sur la répression d'un acte. Désormais, l'intention de commettre un acte est sanctionnée en lieu et place de l'acte lui-même.

C'est également le phénomène de la tache d'huile qui a permis le passage d'un état d'urgence sécuritaire, ciblant quelques militants écologistes et principalement des personnes en raison de leur confession musulmane, à un état d'urgence sanitaire s'appliquant à l'intégralité de la population française. Le confinement décidé pendant l'état d'urgence sanitaire répond aux deux mécanismes que sont la tache d'huile et la disparition du sujet de droit au profit d'un « sujet virus ».

L'état d'urgence est ce dispositif normatif d'exception permis par la destruction progressive de tous les mécanismes traditionnels institués par le droit. Il est un mouvement de renouvellement normatif incessant, quand l'État de droit est un cadre assurant une permanence des institutions. La mise en évidence de ses ressorts au cours de l'état d'urgence sanitaire permettra de mieux en appréhender la dynamique.

3

Les drones : 1984 en 2020

Si les rues sont vides, le ciel bleu du confinement est tacheté. Des objets volants parfaitement identifiés s'en détachent. Une nouvelle technique de surveillance et de contrôle social est en train de voir le jour, qui consiste, pour la police, à faire usage de drones civils de surveillance. Ces derniers ont fait leur apparition lors de manifestations, notamment au moment de la crise des Gilets jaunes. Lors de l'état d'urgence sanitaire, ils auraient pu s'installer définitivement au-dessus de nos têtes et dans nos consciences si le Conseil d'État n'avait pas suspendu provisoirement leur utilisation. Paris, Ajaccio, Nice, Metz, Limoges, Nantes, Montpellier, Rennes, Marseille, Amiens, Lille, Granville… : toutes ces villes ont simultanément fait usage des drones au printemps 2020, lors du premier confinement, pour surveiller les rues et diffuser des messages robotisés par le biais de haut-parleurs intégrés. Motif de déploiement de ces armadas : protéger la population de la transmission du coronavirus.

Équipés d'une caméra dont la puissance permet d'identifier n'importe quel individu survolé, ils sont manipulés soit par la Police nationale – ce fut le cas à Paris dans le cadre de dispositifs mis en place par la préfecture de police –, soit par des sous-traitants privés missionnés par les municipalités, comme ce fut le cas à Nice. La préfecture de police de Paris a tenté de communiquer sur leur efficacité supposée dans la lutte contre les violations du confinement. De nombreuses vidéos qui circulent sur les réseaux sociaux montrent des drones survolant des piétons et leur rappelant, par l'intermédiaire d'un haut-parleur, que leur circulation est interdite en raison de l'obligation de confinement. Des documentaires[1] relatent également la façon dont les drones permettent d'assister les forces de l'ordre dans le repérage des contrevenants au confinement dans les rues de Nice. On y voit notamment un père de famille se promener avec son enfant en poussette et déclarer que ce n'est pas la société dont il veut pour ses enfants. L'exécutif et les forces de l'ordre, quant à eux, y voient un outil de surveillance particulièrement efficace et ne comprennent pas qu'on puisse y être opposé dès lors qu'il permet de mettre un terme à des

1. Voir notamment « Tous surveillés : 7 milliards de suspects », diffusé sur Arte le 21 avril 2020 et disponible en ligne : www.youtube.com/watch?v=gLnyjI3DGFQ&ab_channel=Autrement-Vue

infractions. L'impératif de sécurité et d'ordre public devrait ainsi primer sur le droit au respect de la vie privée et au traitement des données personnelles. D'abord expérimenté dans le cadre du maintien de l'ordre pour surveiller les manifestants, il va être étendu, on le sait, à la surveillance de l'intégralité de la population française. L'enjeu de l'usage des drones est posé.

Une appropriation presque totale de la rue par l'État

On y est : *1984*, la fiction d'anticipation d'Orwell, est en train d'advenir. L'état d'urgence sanitaire sert une fois de plus à réduire nos espaces de libertés. Me revient à l'esprit cette interview de François Sureau qui exprime parfaitement mes pensées[2] et dans laquelle il affirme que l'État, par nature, cherche à réduire les libertés. Cela semble si évident que je me demande encore pourquoi je n'ai jamais réussi à l'exprimer aussi simplement. Peut-être parce que je ne suis pas encore sorti de cette croyance naïve dans le fonctionnement du contrat social et dans un État bienveillant, instrument

2. François Sureau, « L'État cherche toujours à réduire la liberté », entretien filmé réalisé pour *Mediapart*, 10 octobre 2019, en ligne : www.youtube.com/watch?v=yYY-B0jZMD4

d'émancipation collective et individuelle au service de la population. Aujourd'hui, la réalité me semble pourtant tout autre : ce que cherche avant tout l'État, c'est l'efficacité dans la gestion des populations. Cette efficacité passe par une surveillance optimale des corps et des consciences, et se heurte aux libertés fondamentales. Un combat a donc lieu entre l'État et ses représentants d'un côté, qui cherchent à asseoir et à maintenir un ordre public et moral, et un petit nombre de résistants de l'autre – associations, militants, intellectuels – qui souhaitent alerter une population majoritairement tétanisée et inconsciente de cette volonté. Les moyens de ces poches de résistance sont faibles par rapport à la puissance financière et aux outils accumulés au cours du temps par l'État. La résistance peut s'appuyer sur une partie de la presse qui se pose encore en défenseuse des libertés et lutte contre la volonté de toute-puissance étatique, et peut également utiliser des voies de recours judiciaires et administratives.

En mai 2020, la Quadrature du net et la Ligue des Droits de l'Homme ont saisi le tribunal administratif puis le Conseil d'État en référé-liberté, une procédure d'urgence, afin de faire suspendre le dispositif de drone développé par la préfecture de police de Paris dans le cadre de l'état d'urgence sanitaire. Ces deux associations, qui défendent les libertés publiques et numériques, considèrent que l'usage de ces drones porte notamment une atteinte manifestement illégale au droit à la vie privée et à la législation sur le traitement des données personnelles. Si leur demande a été rejetée devant le tribunal administratif de Paris, elle a abouti devant le Conseil d'État[3], qui juge de la légalité des décisions du gouvernement et des administrations. Cette juridiction a considéré que si l'usage du drone en soi ne posait pas un problème de légalité, l'absence de consultation de la Commission nationale de l'informatique et des libertés (Cnil), chargée de vérifier la légalité des fichiers et des traitements automatisés de données personnelles, ainsi que l'absence de garanties suffisantes pour protéger les libertés dans la réglementation mise en place pour le déploiement de l'armada de drones rendaient leur usage par la préfecture de police de Paris manifestement illégal. Depuis lors, le gouvernement n'a pas régularisé la situation pour autant. À ma connaissance, aucune nouvelle réglementation n'a été prise pour protéger les garanties fondamentales, c'est-à-dire la protection de la vie privée et les données personnelles recueillies par les enregistrements vidéo des drones. La Cnil n'a pas été saisie pour la constitution d'un tel traitement automatisé de données personnelles.

Pour les deux associations, il s'agit d'une victoire à la Pyrrhus car tout en suspendant l'usage des drones,

3. Conseil d'État, ordonnances du 18 mai 2020 n° 440442, et 440445.

le Conseil d'État a considéré que le principe de l'usage de drones n'était pas illégal. Il avait fait de même concernant l'usage de la vidéosurveillance : elle pullule désormais dans toutes les villes de France et permet de surveiller en permanence toute la population, sous certaines réserves de destruction des vidéos (au bout de trente jours sauf à des fins judiciaires), et à condition que les caméras ne soient pas orientées vers un local d'habitation afin de ne pas porter atteinte au droit à la vie privée.

On touche d'ailleurs là à l'un des problèmes que pose l'usage de drones : leur champ de vision n'exclut pas les appartements et les bureaux, ni même l'identification précise des visages. Derrière les écrans, les fonctionnaires de police qui commandent ces drones depuis une salle de contrôle les mettent en mouvement et filment notamment les cortèges de manifestants, ou, durant l'état d'urgence sanitaire, les passants étourdis et négligents, ou ceux qui pensent encore que l'État ne s'est pas encore totalement approprié l'espace public. C'est pourtant la conséquence du confinement : une appropriation presque totale de la rue par l'État. Cette rue il y a encore peu investie par des cortèges de manifestants qui exprimaient leur liberté d'expression collective est devenue un *no man's land* annexé à l'État. Pour pouvoir l'emprunter, il faut y être autorisé. Les drones viennent rappeler aux impétrants que la rue a été définitivement annexée par l'État. Ils constituent des outils d'une efficacité redoutable en termes d'économie de moyens pour quadriller ces espaces publics. Le rêve achevé du panoptisme se réalise. Le panoptique, ce modèle de prison circulaire imaginé par Jeremy Bentham, avec au centre un seul gardien, caché derrière des vitres fumées, capable de voir depuis sa tour l'ensemble des prisonniers dans leurs cellules sans pouvoir être vu lui-même, est devenu le modèle de surveillance généralisé de toute la population.

Le débat juridique et social qui se tiendra lors de la prochaine tentative de mettre en place ces dispositifs de surveillance généralisée est probablement un des enjeux majeurs de la société à venir. Ce qui est en jeu n'est rien de moins que la disparition définitive de ce que l'on appelle la vie privée, c'est-à-dire cette part d'intime qui n'appartient qu'à nous-même ou à ceux avec qui l'on souhaite la partager. Nombreux sont pourtant ceux qui soutiennent la mise en place de tels dispositifs de surveillance, arguant que nous aurions déjà renoncé à notre intimité en nous exhibant sur les réseaux sociaux. Si le respect de la vie privée pose effectivement de nombreuses difficultés sur ces réseaux, la problématique est bien plus aiguë s'agissant des dispositifs de surveillance développés par l'État. La liberté et le consentement doivent être les pierres angulaires du raisonnement en matière de respect des libertés fondamentales. Or la mise en place des drones, la captation de nos images et le traitement de ces images par l'État nous sont imposés, alors que sur les réseaux sociaux, nous consentons à rendre notre vie publique. C'est la définition même de la liberté : pouvoir choisir. Choisir de faire ou de ne pas faire, de dire ou de ne pas dire, d'être ou de ne pas être. La liberté de choisir d'être libre ou de s'aliéner. Mais encore faut-il pouvoir bénéficier de cette dernière option : être libre de restreindre son intimité ou de ne pas le faire. Si cette liberté existe en principe en ce qui concerne notre exposition sur les réseaux sociaux, elle n'existe plus dans la captation de nos images par un drone.

L'illégalisme, une méthode d'expérimentation des frontières de l'État de droit

Le dispositif de drones mis en place par l'état d'urgence sanitaire révèle une autre technique de réduction des libertés par l'État, celle du franchissement des frontières de la légalité. La décision du Conseil d'État, devenue définitive, est pourtant claire : la préfecture de police, représentant de l'État, est dans l'illégalité lorsqu'elle lance ses drones dans le ciel. Comment et pourquoi la police, chargée de faire respecter la loi, en fait abstraction et la viole allégrement ? Penser l'illégalité des représentants de la loi n'est pas chose aisée. Cela implique là encore de déconstruire le mythe de l'État protecteur et bienveillant, et de s'imaginer l'État comme un organisme qui existe indépendamment de ses représentants qui alternent périodiquement, et dont la tendance naturelle est d'asseoir un peu plus son pouvoir sur la population, de réduire l'influence de ses opposants, et d'accroître la gouvernabilité, c'est-à-dire la capacité d'une population à être gouvernée.

Nous avons vu que l'état d'urgence sanitaire, en tant que moment où l'opinion et les contre-pouvoirs sont fragilisés et réclament plus de protection, avait permis la réduction massive des libertés fondamentales. La tentative d'instaurer un dispositif de drones s'est notamment faite en communiquant sur son efficacité face aux contrevenants au confinement. L'essentialisation de toute la population en sujets virus privés du droit au respect de leur vie privée a permis l'utilisation massive de cette nouvelle technologie. L'aspect le plus remarquable de cette tentative d'intronisation de l'un des outils les plus dangereux pour nos libertés est sans doute qu'elle s'est faite en violation de la loi et donc de la volonté souveraine du peuple français. L'usage des drones par les services de l'État résultait, depuis 2015, d'un arrêté réglementant l'usage des aéronefs[4]. À la fin de cet arrêté, une phrase laconique prévoit que les services de l'État puissent faire exception à la réglementation habituelle pour les missions de douane et de police. Une motivation qui laisse une appréciation libre et totale aux services de police…

L'absence de motivations et de garanties suffisantes a permis au Conseil d'État de prononcer l'illégalité de l'utilisation des drones. Compte tenu de la simultanéité du lancement des armadas de drones sur tout le territoire et du marché public nécessaire à l'achat de drones civils et militaires sur une courte période, il est peu probable que la décision d'autoriser ces armadas n'ait pas été prise au plus haut niveau de l'État ou du ministère de l'Intérieur. Il serait étonnant que tous les préfets et maires concernés aient pu prendre sans concertation avec le ministère de l'Intérieur la décision d'utiliser de tels outils. Les services juridiques du ministère de l'Intérieur sont particulièrement performants. Ils disposent d'un grand nombre de juristes particulièrement affûtés.

4. « Arrêté du 17 décembre 2015 relatif à l'utilisation de l'espace aérien par les aéronefs qui circulent sans personne à bord. : 1. Les aéronefs qui circulent sans personne à bord appartenant à l'État, affrétés ou loués par lui et utilisés dans le cadre de missions de secours, de sauvetage, de douane, de police ou de sécurité civile peuvent évoluer en dérogation aux dispositions du présent arrêté lorsque les circonstances de la mission et les exigences de l'ordre et de la sécurité publics le justifient. »

Pourtant, ce franchissement des frontières de la légalité semble constituer une stratégie plutôt qu'une simple erreur de droit. C'est une stratégie qui a été utilisée à plusieurs reprises, notamment dans le déploiement de techniques de maintien de l'ordre pouvant être pénalement qualifiées. Ainsi en est-il de l'encagement, aussi appelé technique de la nasse, qui est utilisé presque systématiquement lors des manifestations, y compris lorsqu'elles sont déclarées et officielles, comme celles du 1er mai. Cette technique, qui consiste à encercler les manifestants pour les empêcher de sortir du périmètre défini par la préfecture avec les forces du maintien de l'ordre, a été plusieurs fois décriée par les associations de droits humains mais également par le Défenseur des droits, qui a appelé à mettre fin à son usage[5].

Cette technique a même déjà fait l'objet d'une qualification pénale par la chambre de l'instruction de Lyon dans un arrêt « Place Bellecour[6] » du 25 octobre 2018. Une manifestation, notamment composée de familles et d'enfants, avait été encerclée pendant plusieurs

5. Défenseur des droits, « Décision-cadre n° 2020-131 du 9 juillet 2020 relative à des recommandations générales sur les pratiques du maintien de l'ordre au regard des règles de déontologie ».

6. Voir « Bouclage de la place Bellecour le 21 octobre 2010 : non-lieu confirmé en appel par la chambre de l'instruction », *francetvinfo*, 5 mars 2020, en ligne : https://france3-regions.francetvinfo.fr/auvergne-rhone-alpes/rhone/lyon/bouclage-place-bellecour-octobre-2010-non-lieu-confirme-appel-chambre-instruction-1795175.html

heures place Bellecour, à Lyon, à la demande de la préfecture de police. La nasse a également été utilisée lors de la manifestation anniversaire des Gilets jaunes, place d'Italie à Paris en 2019. Dans l'impossibilité de sortir de la nasse, les manifestants encerclés avaient été soumis à des jets de grenades lacrymogènes très importants et un Gilet jaune, Manuel Coisne, avait été éborgné par l'une d'entre elles. La grenade avait été lancée à l'aide d'un cougar, une arme permettant de projeter des grenades sur de grandes distances. Une instruction pénale est en cours concernant ces faits.

Les barrages filtrants mis en place lors des manifestations et les fouilles de sacs avec saisies illégales de matériel protecteur tel que le sérum physiologique, constituent eux aussi des pratiques illégales mises en place par l'État par l'intermédiaire des préfets. Il en va de même de la succession des interdictions tardives de manifestations pourtant dûment déclarées afin de faire échec à la possibilité de saisir le juge administratif en référé-liberté. Le juge doit en effet se prononcer dans un délai de quarante-huit heures alors que les interdictions sont souvent notifiées la veille, voire le jour même, de la manifestation. À titre d'exemple, l'interdiction de la manifestation de la place d'Italie par le préfet Lallement, le jour de l'anniversaire des Gilets jaunes, a été prononcée après le début du rassemblement, qui avait été dûment déclaré.

« État délinquant » : cette expression, quoique juridiquement erronée dès lors que l'État, personne morale de droit public, ne peut être poursuivi devant une juridiction pénale contrairement à ses représentants, rend parfaitement compte de la stratégie d'illégalisme qui se poursuit pendant l'état d'urgence sanitaire avec l'usage illégal des drones. Il est ici question de comportements qui font fi des décisions prononcées par les plus hautes juridictions de ce pays. Le Conseil d'État serait probablement surpris de savoir que malgré la suspension générale des drones qu'il a prononcée, les représentants de l'État agissent au mépris de cette interdiction.

L'affaire dont j'ai pris connaissance le 14 juillet 2020 est à ce titre des plus frappantes. Le confinement achevé, le défilé du 14 juillet est ce jour-là organisé en petit comité place de la Concorde. Les soignants devaient être mis à l'honneur compte tenu de leur implication héroïque pendant le pic de la crise sanitaire mais on décide finalement qu'ils n'ont pas droit au défilé officiel. L'Élysée croit deviner que s'ils participaient, leurs propos ne seraient pas des plus courtois à l'égard de la présidence. Et en effet, juste au moment où les premières notes de *La Marseillaise* retentissent, une banderole noire surmontée de ballons multicolores s'envole dans le ciel gris de Paris. On peut y lire deux phrases : « L'économie nous coûte la vie » et « Derrière les hommages Macron asphyxie l'hôpital ».

Quasi simultanément, un service spécial d'intervention de la Police nationale débarque dans un appartement situé au dernier étage d'un immeuble de la rue du Faubourg-Saint-Honoré. Deux soignants y sont interpellés. Ils appartiennent au Collectif Inter-Urgences, un syndicat de soignants qui s'est fait remarquer dans la défense de l'hôpital à l'occasion de coups médiatico-politiques particulièrement bien menés. Ils sont interrogés quelques jours plus tard, sous le régime de l'audition libre (ce qui signifie qu'ils ne sont pas placés en garde à vue), par les services de la gendarmerie de l'aviation civile ; je les assiste. Il leur est reproché d'avoir entravé la circulation aérienne à l'aide d'un aéronef, soit, en l'occurrence, une banderole avec des ballons. Ils contestent cependant les faits qui leur sont reprochés. Lors de l'interpellation, les fonctionnaires de police leur ont indiqué qu'ils ont été repérés par un drone de la préfecture de police de Paris. Seule difficulté : ces drones tombent également sous la qualification pénale d'entrave à la circulation aérienne dès lors que leur utilisation a été quelque temps auparavant suspendue par le Conseil d'État. On apprend ainsi que malgré la décision de ce dernier, la préfecture de police poursuit son utilisation illégale de drones dans le ciel de Paris. De nombreux autres cas d'usage illégal de drones ont été constatés après le premier déconfinement. À chaque nouveau rassemblement ou manifestation, ces drones survolaient les manifestants pour suivre les flux ou repérer d'éventuels groupes plus virulents[7].

La stratégie de l'illégalisme est délibérée. Elle a pour objectif de repousser les limites de l'admissible, de banaliser des pratiques illégales afin d'habituer l'opinion publique à leur usage. Surtout, elle est une manière de tester la capacité de résistance des institutions démocratiques. En cela, elle s'inscrit parfaitement dans la logique de l'état d'exception tel que défini par Agamben[8] : à l'extérieur du droit mais inscrite dans le droit dès lors qu'elle est mise en œuvre par l'exécutif aux fins de faire advenir un nouveau droit, repoussant inlassablement les limites de l'État de droit et de la loi.

L'usage des drones n'est pas le seul domaine d'illégalité de l'État ou de ses représentants. Le maintien de l'ordre ne manque pas d'exemples de pratiques plus subtiles mais tout aussi illégales, telles que les policiers interdisant aux journalistes, manifestants ou simples passants de les filmer avec leur téléphone portable. Le droit français autorisait jusqu'à aujourd'hui à filmer et à diffuser les images des forces de l'ordre en opération dès lors qu'il s'agit d'un service public et que la liberté de la presse l'emporte sur l'impératif du droit à l'image.

7. Voir Clément Le Foll et Clément Pouré, « Profitant du flou juridique, les drones policiers bourdonnent toujours », *Mediapart*, 26 octobre 2020.
8. Giorgio Agamben, *État d'exception*, Paris, Seuil, 2003.

Pourtant, il n'est pas rare de voir les forces de l'ordre user de violences à l'encontre des manifestants ou des journalistes afin d'empêcher ces derniers de les filmer.

Ces violences ont parfois des conséquences dramatiques. Ce fut le cas de Jérôme Rodrigues, figure des Gilets jaunes, visé par une grenade de désencerclement parce qu'il diffusait une vidéo en direct avec son téléphone portable. Il fut éborgné au cours de l'action, probablement par un éclat de la grenade. La mort de Cédric Chouviat, ce livreur de 42 ans et père de cinq enfants, en est encore un exemple dramatique. Au cours d'un simple contrôle routier et d'une verbalisation qu'il considérait comme injustifiée, il décidait de filmer les fonctionnaires de police. Agacés par la situation, ces derniers l'interpellèrent. Il est mort le larynx fracturé à la suite d'une clé d'étranglement et d'un plaquage ventral pratiqué par les policiers. Double illégalité : illégalité d'empêcher de filmer, puis illégalité de l'usage de la violence policière qui s'ensuit.

Au cours du mouvement des Gilets jaunes, la stratégie de l'illégalité s'est accentuée. Le dispositif mis en place par les préfets et les procureurs a consisté à interpeller massivement des manifestants alors qu'ils se trouvaient encore éloignés du lieu de manifestation – souvent dans les gares ou à l'entrée des villes. Ces contrôles d'identité illégaux (car non justifiés légalement) conduisaient fréquemment à des placements massifs en garde à vue ainsi qu'à des prolongations injustifiées. Une note du parquet de Paris du 12 janvier 2019, intitulée « Permanence gilets jaunes », confirme l'instruction donnée aux services du parquet de maintenir les manifestants en garde à vue quand bien même cette mesure n'était plus justifiée, de manière à empêcher les personnes interpellées de rejoindre les lieux de manifestation.

Ces stratégies illégales sont à chaque fois légalisées a posteriori par une nouvelle loi qui restreint progressivement le périmètre des libertés fondamentales. La stratégie d'interpellation préventive a ainsi été légalisée dans le cadre de la loi dite « anti-casseurs » par l'extension des cas prévus pour les contrôles d'identité. Le nouveau schéma national du maintien de l'ordre présenté par le ministère de l'Intérieur a par ailleurs pour objectif de légaliser la technique déjà présentée de l'encagement. Il entend également fixer un nouveau cadre légal pour les journalistes qui interviennent dans les manifestations en créant une accréditation pour les seuls journalistes détenteurs d'une carte professionnelle qui se seraient inscrits sur une liste officielle. En outre, les journalistes et les observateurs des pratiques policières seraient désormais considérés comme des manifestants ordinaires et devraient se soumettre aux sommations de dispersion. Là aussi, ces nouveaux textes visent à légaliser les violences commises par les forces de l'ordre sur les journalistes pendant les manifestations. L'objectif pour l'État est de ne plus être observé par la population en empêchant que les pratiques illégales des forces de l'ordre puissent être mises en évidence et dénoncées par l'opinion publique. Bien d'autres pratiques illégales tendent au même résultat, comme le fait de ne pas arborer, pour un policier, son numéro d'identification RIO[9] pour éviter d'être poursuivi en cas de violence illégitime, ou bien encore de porter une cagoule ou de masquer la plaque d'immatriculation de sa moto de fonction.

L'état d'urgence sanitaire permet tous les dépassements en repoussant les limites de l'acceptabilité sociale. Dernier épisode en date, la proposition de loi sur la « sécurité globale » en discussion au Parlement, dont trois dispositions viendraient légaliser des pratiques illégales : d'abord, la création d'un dispositif généralisé d'usage des drones ; ensuite, la centralisation des images des caméras-piétons portées par les forces de l'ordre vers un centre de commandement avec la possibilité d'user immédiatement des images, notamment à des fins de communication, sans passer par l'autorisation d'un juge ; enfin, l'instauration d'une

9. Le référentiel des identités et de l'organisation (RIO) est le numéro à sept chiffres qui identifie individuellement les agents sous l'autorité du ministère de l'Intérieur.

sanction pénale qui punit d'une peine maximale d'un an d'emprisonnement et de 45 000 euros d'amendes le fait de diffuser le visage ou tout autre élément d'identification d'un fonctionnaire de police ou de la gendarmerie avec l'intention de porter atteinte à son intégrité physique ou psychique.

Voir sans être vu, ou la consécration de l'idéal panoptique qui s'achèvera avec l'application de la reconnaissance faciale automatisée et en temps réel. Grâce à la disparition des protections juridiques du sujet virus et l'extension généralisée de ces pratiques à l'ensemble de la population, la stratégie de l'illégalisme a pu se développer comme jamais auparavant. L'état d'urgence, c'est cela : un mouvement normatif incessant, matérialisé par une succession ininterrompue de nouvelles lois et actes réglementaires qui détruisent le cadre de l'État de droit dans lequel nous vivions il y a encore peu de temps.

4

StopCovid : le pied dans la porte

Le smartphone, outil de surveillance généralisée

De la Corée du Sud à Israël, les logiciels de traçage sont vantés pour avoir permis d'éviter la propagation du virus ou d'avoir mis un terme à l'épidémie. Les données recueillies par les applications de traçage installées sur les smartphones permettraient d'anticiper la charge hospitalière, de vérifier l'efficacité des restrictions au déplacement mais également de suivre les personnes contaminées, de vérifier le respect des mesures de quarantaine et de retrouver les personnes qui ont été en contact avec elles pour éviter la diffusion de l'épidémie.

Dès la fin de l'été 2020 pourtant, l'épidémie reprend de plus belle dans ces mêmes pays, sans que l'efficacité de ces applications n'ait été établie. En revanche, leur efficacité dans le traçage individuel et la réduction de la vie privée est avérée. La publication des identités de personnes repérées par le traçage suscite une chasse aux sorcières en Corée du Sud[1], sans parler de la Chine, où la géolocalisation est généralisée dans certaines provinces. En France, le seul fait d'être géolocalisé, par l'État ou de son propre fait après avoir installé l'application StopCovid, entraîne *ipso facto* une atteinte à la vie privée et éventuellement au secret médical.

Si les impératifs de santé publique, notamment en matière d'épidémie, justifient déjà quelques atteintes au secret médical – notamment la transmission des données personnelles de personnes contaminées par le Covid-19 aux autorités sanitaires –, le développement du *backtracking*, c'est-à-dire la géolocalisation de personnes et la récupération de leurs données personnelles, pose d'innombrables questions de libertés publiques. Le raisonnement traditionnel consiste, là encore, à interroger l'articulation entre des libertés ou des principes constitutionnels. En l'occurrence, le droit à la santé et à la vie justifie-t-il les atteintes aux droits à la vie privée et au secret médical que portent les applications de traçage ?

Certes, une différence de taille existe entre l'installation volontaire et le traçage organisé et imposé par l'État, comme ce fut le cas en Israël et en Corée du Sud. La France n'est cependant pas en reste concernant la

1. Voir Philippe Mesmer, « En Corée du Sud, le respect de la vie privée au défi du traçage des contaminés au Covid-19 », *Le Monde*, 5 avril 2020.

collecte massive des données personnelles. Avant même le déploiement de l'application StopCovid en France, des opérateurs de télécommunication ont fourni aux pouvoirs publics des données de déplacement concernant leurs abonnés. C'est notamment le cas d'Orange, qui leur a mis à disposition les données de localisation de ses clients afin qu'ils puissent procéder à une analyse des flux de population au début du confinement[2]. De même, Google a publié les données de ses utilisateurs concernant la fréquentation de lieux publics tels que les moyens de transport ou les restaurants[3].

Depuis, la France a décidé de développer une application qui repose sur le consentement et donc la volonté individuelle. Seules les personnes qui ont téléchargé l'application et accepté de la faire fonctionner en allumant la fonction Bluetooth de leur téléphone s'inscrivent dans le dispositif de traçage. Cela pose une première interrogation sur l'efficacité de l'application : quelle est-elle si un très faible nombre de personnes la télécharge ? On peut aussi s'interroger sur l'inégalité d'accès à un dispositif public, dès lors que tout le

2. Voir Matthieu Delacharlery, « Coronavirus : huit opérateurs européens, dont Orange, vont fournir les données de localisation de leurs clients », LCI, 26 mars 2020, en ligne : www.lci.fr/high-tech/coronavirus-huit-operateurs-europeens-dont-orange-vont-fournir-les-donnees-de-localisation-de-leurs-clients-2149157.html

3. « Google Maps publie des données de 131 pays, dont la France, pour montrer les effets du confinement », *Le Monde*, 3 avril 2020.

monde ne dispose pas d'un téléphone permettant de la faire fonctionner.

L'efficacité du dispositif n'est cependant pas un argument majeur – c'est d'ailleurs plutôt l'inverse. À l'instar des drones et des dispositifs de techno-surveillance, l'avènement du traçage, quand bien même il serait volontaire comme dans le cas de StopCovid, soulève d'abord la question du consentement éclairé, c'est-à-dire de savoir si les personnes qui en usent ont une parfaite connaissance de ce à quoi ces applications les exposent en termes d'atteinte à leur vie privée. Le risque majeur, lié à un phénomène de psychologie sociale, consiste à rendre acceptable un nouveau mécanisme de techno-surveillance en arguant de la situation épidémique, avant de le rendre impératif à des fins de surveillance généralisée de la population.

S'agissant du consentement libre et éclairé au téléchargement de l'application StopCovid, plusieurs chercheurs, notamment dépendants de l'Institut national de recherche en sciences et technologies du numérique (Inria), qui a contribué à développer ladite application, ont rédigé un argumentaire particulièrement précis à ce sujet[4]. Leurs conclusions vont à l'encontre de la

4. Collectif, « Le traçage anonyme, dangereux oxymore. Analyse de risques à destination des non-spécialistes », 21 avril 2020, en ligne : https://risques-tracage.fr/docs/risques-tracage.pdf

communication gouvernementale sur l'application StopCovid. S'il n'existe effectivement pas de base de données nominative des malades, les données ne sont pas anonymes pour autant : il est possible de retrouver qui a contaminé qui, de savoir si une personne précise est malade ou non. L'utilisation du Bluetooth pose par ailleurs des problèmes de sécurité et ce dispositif rend possible un fichage à grande échelle.

La France dispose d'une législation qui protège les données personnelles, le Règlement général de protection des données personnelles (RGPD). Issu d'une directive européenne, il est censé protéger les données personnelles et numériques de tous les ressortissants de l'Union européenne. En conclure que le risque qui pèse sur les libertés publiques peut être écarté serait commettre une erreur d'analyse. La Cnil, saisie du fonctionnement de l'application StopCovid, n'a émis que quelques avertissements techniques[5]. Elle a considéré que cette application ne pouvait être développée que si son efficacité était avérée. Or, l'application a été peu téléchargée. Mi-juillet 2020, seulement 3 % de la population l'avait fait[6], et à la fin du mois d'août, elle

5. Cnil, « Publication de l'avis de la Cnil sur le projet d'application mobile "StopCovid" », 26 avril 2020, en ligne : www.cnil.fr/fr/publication-de-lavis-de-la-cnil-sur-le-projet-dapplication-mobile-stopcovid

6. Ingrid Vergara, « Application StopCovid : la Cnil clôture la mise en demeure du ministère de la Santé », *Le Figaro*, 20 juillet 2020, en

avait été téléchargée 2,3 millions de fois avec le chiffre anecdotique de 1 500 signalements de Covid positif. Lors du reconfinement du 29 octobre 2020, le gouvernement a décidé de changer le nom de l'application : Stopcovid est devenue TousAntiCovid et a fait plus d'émules puisqu'elle a été téléchargée plus de 7 millions de fois début novembre 2020.

Habituer la population au traçage

L'application est désormais présente sur des millions de smartphones et, surtout, dans tous les esprits. Car ce n'est pas tant le lancement de cette application en fin de pic d'épidémie, sur le mode du téléchargement volontaire, qui aura des conséquences sur nos modes de vie et sur nos libertés. L'objectif est bien d'habituer progressivement l'opinion publique aux mécanismes de traçage. En psychologie sociale individuelle, cela porte un nom : la manipulation. Elle fonctionne globalement comme le pied dans la porte du VRP qui fait de la vente à domicile : demander un renseignement dans un lieu d'habitation puis mettre le pied dans la porte pour forcer l'écoute et la vente. StopCovid est ce

ligne : www.lefigaro.fr/secteur/high-tech/application-stopcovid-la-cnil-met-en-demeure-le-ministere-de-la-sante-20200720 pied dans la porte d'un État qui se comporte comme un VRP de la sécurité. La tache d'huile s'étend progressivement, par à-coups, habituant les esprits à des nouveaux modes de surveillance, à l'érosion progressive de notre vie privée, à l'effacement à peine perceptible de notre résistance naturelle à l'emprise de l'État sur nos vies quotidiennes, nos déplacements, nos habitudes de vie. Autant de données qui, comme dans un laboratoire, permettent de faire d'une population non domestiquée une population sans incertitude dont les gestes, émotions, comportements, désirs, achats et même irrationalités, peuvent être anticipés. Loin de protéger les corps et la vie, il s'agit de domestiquer l'être humain à la fois dans sa sphère privée et dans sa vie collective. C'est sans conteste l'objectif escompté par l'État lorsqu'il développe ces nouvelles techniques de techno-surveillance.

Le traçage volontaire est d'autant plus facilement accepté par la population et les institutions démocratiques dans un contexte d'épidémie. Puis – deuxième phase de la stratégie d'imposition de ces techniques à la population –, dans un futur plus ou moins proche, le dispositif deviendrait impératif. Comme pour d'autres atteintes aux libertés que l'état d'urgence sanitaire a provoquées, il existe en effet un risque d'effet opportuniste : l'État profite de la fragilité de la population, des corps intermédiaires et de l'opposition de la société civile pour faire adopter de nouvelles technologies de surveillance généralisée qui visent à faciliter l'exercice du pouvoir au détriment des libertés.

Il est donc à craindre plusieurs évolutions de cette application liée au Covid-19. D'abord, celle du caractère volontaire de sa mise en œuvre : s'il est difficile d'imposer le téléchargement obligatoire de l'application, le gouvernement pourrait envisager d'adopter une loi contraignant les fabricants de smartphones ou de systèmes d'exploitation comme iOS ou Android à inclure une application de *contact tracing* préinstallée sur les téléphones. Ainsi, tout détenteur de smartphone serait concerné par le traçage permanent dès l'achat de l'appareil ou lors d'une simple mise à jour des systèmes d'exploitation. Le caractère international de la crise sanitaire faciliterait l'adoption d'une position internationale commune sur ce point à l'égard des fabricants avec un éventuel partage de données entre les États et les fabricants de téléphones. Et si les opérateurs de téléphonie ou les concepteurs de systèmes d'exploitation ne se prêtaient pas à cette demande internationale, chaque État pourrait tout simplement envisager de mettre en place un traçage téléphonique généralisé à partir des outils de géolocalisation déjà existants, comme ce fut d'ailleurs le cas en Israël.

Car il faut bien comprendre que ces technologies de surveillance existent déjà depuis longtemps et que tout téléphone portable peut faire l'objet d'une géolocalisation en temps réel – c'est d'ailleurs une technique d'investigation particulièrement fréquente dans le cadre des enquêtes judiciaires. Autrefois réservée aux affaires de terrorisme ainsi qu'à la grande criminalité (trafic de stupéfiants, affaires de braquages, etc.), elle est devenue une pratique couramment mobilisée, y compris pour des affaires de moindre gravité.

L'extension de ces technologies de surveillance à la sphère du renseignement général répond là encore à la logique de la tache d'huile. Ces technologies, particulièrement attentatoires à l'intimité de la vie privée puisqu'elles consistent à suivre en temps réel les déplacements d'une personne, sont d'abord appliquées dans des situations où l'ordre public et la sécurité les légitiment, avant d'être progressivement adaptées, par glissements normatifs successifs, à des affaires ou des personnes présentant un danger social moindre. Du cercle judiciaire, c'est-à-dire du domaine où les décisions sont prises par un juge judiciaire indépendant et impartial, ces compétences de surveillance seront transférées au procureur de la République, pour finalement tomber dans la sphère administrative, où un préfet ou un service policier pourra ordonner des surveillances administratives.

Le dernier stade est celui de l'extension de ces techniques à toute la population, à la faveur notamment d'une crise sanitaire, comme c'est le cas pour l'épidémie de Covid-19. Une fois que la population est habituée à cette nouvelle réduction de ses libertés, une fois que ces techniques sont devenues partie intégrante de nos vies, la mesure de surveillance persiste définitivement, rendant impossible tout retour en arrière. L'extension de la tache d'huile répond ainsi à un deuxième mécanisme, celui de « l'effet cliquet » : lorsqu'une liberté ou un droit a disparu ou a été restreint, le retour en arrière est pratiquement impossible. La population pourrait ainsi être surveillée dans sa globalité à chaque instant, dans ses moindres déplacements, tant via ses téléphones portables que par les vidéosurveillances fixes, les drones, les caméras-piétons ou la reconnaissance faciale en temps réel. L'État détiendrait ainsi un pouvoir absolu de contrôle social et la vie privée ne serait plus qu'un lointain souvenir. Imaginons alors qu'un parti politique mû par une idéologie malveillante prenne le pouvoir. La possibilité de résistance à l'arbitraire, de la clandestinité ou de la solitude monastique deviendrait alors une chimère.

5

Punir au temps du Covid-19

Il est 10 heures, ce 7 avril 2020. J'ai enfilé le costume que je n'avais pas revêtu depuis près d'un mois. Sous le bras, ma robe et le sac dans lequel s'entassent mon Code pénal, mon Code de procédure pénale, un projet de question prioritaire de constitutionnalité (QPC)[1] en quatre exemplaires imprimés *in extremis* sur l'imprimante à court d'encre, un masque en tissu bariolé acheté la veille chez le retoucheur au coin de la rue, une petite bouteille si rare de gel hydroalcoolique économisée pour l'occasion d'une sortie, et une batterie de recharge pour mon téléphone portable en prévision d'une audience de comparution immédiate dont on ne

1. La QPC, ou « question prioritaire de constitutionnalité », est une question posée à un tribunal concernant la conformité d'une loi à la Constitution. Si le tribunal estime que la question est sérieuse, il peut renvoyer la question à la Cour de cassation ou au Conseil d'État, qui disposent de trois mois pour renvoyer la question au Conseil constitutionnel, seule juridiction habilitée à faire disparaitre un texte de loi en raison de son inconstitutionnalité.

peut jamais estimer l'heure de fin. Je fais démarrer ma voiture – je préfère éviter la promiscuité virale de ceux contraints de se rendre sur leur lieu de travail en métro.

Sur le chemin vers le tribunal judiciaire, un barrage filtrant a été installé porte de Clichy. Je suis contrôlé par des fonctionnaires de police. Ma carte professionnelle d'avocat suffit à éviter le contrôle d'attestation de sortie, que j'avais néanmoins préparée sur mon téléphone portable à partir des formulaires fournis par le ministère de l'Intérieur. Les rares automobilistes n'y coupent pas. Les rues sont désertes. Les Champs-Élysées ressemblent à un 14 juillet qui se serait prolongé indéfiniment, sans défilé autre que celui des véhicules de police. Je repense à la foule qui avait envahi l'avenue le soir de la victoire de la Coupe du monde de foot. La liesse, les corps collés et en sueur, heureux de communier dans la victoire patriotique. Quelques mois plus tard, la même avenue avait viré au jaune fluo. Cette fois, la foule était en colère, déjà masquée. Je me souviens des vitres brisées des enseignes luxueuses, des restaurants dans lesquels nul manifestant n'aurait pensé fouler un jour la moquette. Le Fouquet's en flammes, puis bunkerisé, aujourd'hui rénové mais fermé. J'ai défendu certains de ceux qui avaient été arrêtés pour avoir commis le délit de dissimulation partielle du visage. Quelle ironie. Quelques mois plus tard, d'autres seront jugés pour ne pas avoir porté de masque.

Arrivée au tribunal judiciaire, anciennement tribunal de grande instance – j'ai du mal à me faire à cette nouvelle appellation. Il est le résultat de la fusion des tribunaux d'instance et des juridictions de proximité autrefois situées dans les mairies d'arrondissement. Ces dernières permettaient à chacun de saisir un juge pour les affaires considérées par la justice comme de moindre importance et pourtant si importantes pour des locataires en défaut de paiement, des litiges de voisinage ou encore des familles dans des situations d'extrême précarité poursuivies par les organismes de crédits aux intérêts exorbitants – autant de situations que ces juges de proximité ou juges d'instance savaient gérer avec délicatesse.

Aujourd'hui, tout est centralisé dans ce tribunal judiciaire, cette tour de verre gérée en « PPP » (partenariat public-privé) dont les services, tous payants, sont facturés à la collectivité à un coût exorbitant par Bouygues. L'ancien Palais de justice, sur l'île de la Cité, me manque. Il avait la solennité, l'horizontalité et la pesanteur de l'histoire nécessaires à une justice certes lente mais rendue avec humanité. Le dialogue entre les juges et les avocats y était compliqué mais il avait pour vertu essentielle d'exister. Il suffisait de gravir un vieil escalier en colimaçon grinçant pour aller consulter un dossier dans les greffes des chambres d'audience ou des cabinets d'instruction. La nécessité d'efficacité, pas forcément concluante pour autant, s'est substituée au besoin d'humanité.

Passage du portique de sécurité et nettoyage des mains au gel hydroalcoolique. Arrivée à P12, la section du ministère public (parquet) en charge du traitement en temps réel des « majeurs », c'est-à-dire là où la majorité des gardes à vue traitées dans les commissariats parisiens sont orientées. Les cas de figure suite à une garde à vue sont multiples : il peut y avoir ouverture d'une instruction avec désignation d'un juge d'instruction lorsque l'enquête est complexe, mais aussi poursuite en enquête préliminaire sous la supervision du procureur de la République, composition pénale[2], renvoi devant le tribunal correctionnel pour être jugé soit lors d'une audience ultérieure soit le jour même dans le cadre d'une comparution immédiate, ou encore un simple rappel à la loi.

C'est là que le sort des mis en cause est déterminé, que les personnes qui ont souvent passé vingt-quatre ou quarante-huit heures en garde à vue, quelquefois plus, sont envoyées pour connaître leur sort judiciaire. Souvent, elles ont été placées en cellule au dépôt du Palais de justice pour une nuit supplémentaire, avant

2. Mesure judiciaire alternative au jugement devant un tribunal : le procureur de la République propose une sanction à l'auteur des faits pour éviter un procès.

d'être présentées à un procureur. Il arrive qu'elles soient jugées en audience de comparution immédiate, une audience de la misère et de l'urgence. Il s'agit d'une procédure d'exception par rapport au déroulement commun de la procédure pénale qui nécessite lenteur, « contradictoire[3] », examen du dossier et des charges par un avocat, préparation de la défense et du dossier de personnalité[4]. Cette justice d'exception est devenue une faille béante et ignominieuse au sein de l'institution judiciaire. Elle charrie chaque jour son flot de personnes précaires, fragiles, sans domicile fixe, sans papiers, sans défense. La justice des « sans ».

Ce jour-là, je dois défendre des personnes en comparution immédiate. Elles risquent jusqu'à six mois de prison, 3 500 euros d'amende et une suspension du permis de conduire d'un an parce qu'elles sont sorties de chez elles pour se promener ou faire un jogging sans leur attestation de déplacement. Comment en est-on arrivé à ce qui aurait paru inconcevable quelques jours plus tôt ? Que s'est-il passé entre le 7 mars 2020, date à laquelle le président de la République Emmanuel Macron appelait tous les Français à sortir, à se rendre

3. Le principe du contradictoire impose un débat et des règles d'établissement des preuves entre les parties au procès.
4. Le dossier de personnalité est constitué de l'ensemble des pièces justifiant de la personnalité d'une personne jugée (attestations de moralité, situations professionnelle, familiale, médicale et psychologique).

massivement au théâtre et à ne pas avoir peur de l'épidémie déjà en cours, et le 16 mars 2020, soit neuf jours plus tard, date de l'instauration du confinement généralisé pour toute la population française ?

Cette évolution peut s'appréhender à plusieurs niveaux. D'abord, celui de la rationalité médicale et scientifique, en lien, bien sûr, avec le développement rapide de l'épidémie sur le territoire. Nous avons vu pourtant que l'évolution brutale de l'épidémie est insatisfaisante dans la compréhension du développement des mesures de santé publique. Ensuite, celui de la rationalité politique et administrative. Là aussi, les évolutions dans les décisions et la communication gouvernementales ne font apparaître qu'incohérences et chaos. Enfin, celui du développement légal et judiciaire, ce qui intéresse en premier lieu les avocats, professeurs de droit et autres professions judiciaires auxquelles j'appartiens.

La dérogation de liberté à l'épreuve de la justice

Si cela peut paraître rébarbatif, il est nécessaire de poser les jalons juridiques qui ont conduit les personnes que j'allais défendre devant le tribunal correctionnel. En temps normal, toute personne est libre de se déplacer dans l'espace public[5]. Par exception strictement encadrée, une personne peut faire l'objet d'un contrôle d'identité et être retenue le temps du contrôle. C'est le cas lorsque son comportement peut être objectivement relié à un trouble à l'ordre public, à une infraction pénale ou lorsqu'il existe une réquisition d'un procureur de la République dans un espace géographique et temporel limité. Une fois que le contrôle d'identité est terminé, la personne reprend sa liberté d'aller et venir. Si elle ne peut justifier de son identité, les policiers peuvent la conduire au commissariat pendant un délai maximal de quatre heures aux seules fins de procéder à une vérification d'identité. De même, toute personne qui conduit un véhicule à moteur peut faire l'objet d'un contrôle de son identité et des papiers de son véhicule[6].

Pendant le premier confinement, à partir du 16 mars 2020, l'obligation de rester chez soi est devenue la règle et la liberté de se déplacer, l'exception, et ce dans un premier temps, du fait d'un simple décret signé par le Premier ministre Édouard Philippe, le ministre de la Santé Olivier Véran, et le ministre de l'Intérieur Christophe Castaner. En se passant de l'avis du Parlement,

5. Articles 2 et 4 de la Déclaration des droits de l'homme et du citoyen de 1789.
6. Articles 78-1 à 78-7 du Code de procédure pénale.

le gouvernement a donc décidé de l'une des mesures les plus attentatoires aux libertés de toute la population résidant sur le territoire de la République : une assignation à résidence généralisée[7]. Cette même mesure administrative qui avait visé des militants politiques et des personnes de confession musulmane pendant l'état d'urgence de 2015 s'applique cette fois à l'intégralité de la population française. Il s'agit d'une mesure d'exception plus grave encore que l'assignation à résidence de l'état d'urgence de 2015. En effet, si, en 2015, les personnes visées par les arrêtés d'assignation à résidence étaient libres de circuler en dehors des heures d'assignation à résidence (la nuit, sur une durée maximale de douze heures), ce n'est plus le cas avec la mesure de confinement décidée par le décret du 16 mars 2020, motivé par les « circonstances exceptionnelles », puis concrétisée par la loi du 23 mars 2020 instaurant l'état d'urgence sanitaire.

Le premier confinement interdit les déplacements de toute personne à l'exception des trajets entre le domicile et le travail ou les déplacements professionnels qui ne peuvent être différés, les déplacements pour les achats de première nécessité et ceux liés à l'activité

7. Voir Paul Cassia, « Constitutionnalité du confinement : le Conseil d'État n'est pas sérieux ! », 23 juillet 2020, blog personnel hébergé par *Mediapart*, en ligne : https://blogs.mediapart.fr/paul-cassia/blog/010720/constitutionnalite-du-confinement-le-conseil-d-etat-n-est-pas-serieux.

professionnelle, les déplacements pour motif de santé, pour motif familial impérieux, pour l'activité sportive en dehors de tout sport collectif. Il faut par ailleurs détenir un document justifiant de l'une de ces exceptions qui doit pouvoir être présenté lors de tout contrôle.

À défaut de détention de ce document, chaque personne contrôlée peut être sanctionnée par une amende de 135 euros la première fois, 200 euros la deuxième fois, et par une poursuite devant le tribunal correctionnel la troisième fois si les trois contraventions sont constatées sur une période de trente jours à compter de la première infraction constatée : il s'agit du délit de réitération de violation de confinement, adopté par la loi du 23 mars 2020 et sanctionné d'une peine maximale de six mois d'emprisonnement et de 3 500 euros d'amende.

C'est cette infraction qui a conduit les deux personnes que je dois défendre au tribunal. La première est d'un jeune homme d'origine maghrébine, ce qui ne change pas de la sociologie habituelle des personnes jugées en comparution immédiate, qui sont principalement des personnes noires, arabes ou issues de l'immigration. Cette sociologie se confirme lorsqu'on compare les taux de contraventions et de délits de violation de confinement sur le territoire français. C'est la population de Seine-Saint-Denis, département au sein duquel la population immigrée ou issue de l'immigration est particulièrement représentée, qui a reçu le plus de contraventions liées au défaut d'attestation : plus de 41 000 contraventions entre le début du confinement et le 25 avril. Au cours de la même période, sur ce territoire, les forces de l'ordre ont effectué 242 249 contrôles[8].

En temps normal, j'aurais dû rencontrer mon client dans un petit box aménagé d'une salle de la section P12 du parquet, m'entretenir avec lui après avoir consulté son dossier, lui expliquer ses droits et la suite de la procédure. La première étape de la procédure, son déferement, est sa présentation à un membre du parquet, un procureur ou un substitut du procureur qui, après l'avoir entendu et avoir entendu les observations de l'avocat, peut prendre la décision de le renvoyer le jour même devant la chambre des comparutions immédiates pour y être jugé. « Circonstances exceptionnelles » obligent, il est déjà passé devant le procureur sans avocat. Les « circonstances exceptionnelles » sont cette expression magique qui permet de se passer des garanties d'un procès équitable sans même avoir à

8. Esther Degbe, « Pourquoi les habitants du 93 ont reçu trois fois plus d'amendes que les autres ? », *Huffpost*, 10 mai 2020, en ligne : www.huffingtonpost.fr/entry/pourquoi-les-habitants-du-93-ont-recu-trois-fois-plus-damendes-que-les-autres_fr_5eb53a5dc5b622946487c0f6 (dernière consultation le 4 septembre 2020).

justifier du lien de causalité entre la situation sanitaire et le fait de se passer des droits de la défense. Cette même expression a aussi été utilisée par le Conseil constitutionnel au tout début de l'état d'urgence sanitaire pour considérer qu'une procédure inconstitutionnelle pouvait néanmoins être validée. L'urgence justifie tout, même le fait de se passer des procédures de l'État de droit, sans même qu'il soit nécessaire de motiver le lien entre l'abandon d'un droit et la situation sanitaire. L'urgence est une mesure d'autojustification de l'exception.

Je rencontre donc pour la première fois mon client dans le box des prévenus, derrière un film plastique de protection et son masque chirurgical. Les avocats dans la salle sont les seuls à ne pas porter de masque. Le ministère de la Justice a estimé qu'il n'était pas nécessaire d'en fournir à ces derniers dès lors que la doctrine nationale affirmait alors que les masques n'étaient pas nécessaires, voire dangereux[9]. Les juges, les agents d'escorte, les greffiers et les huissiers, eux, en disposent – peut-être n'avaient-ils pas connaissance des consignes politiques nationales. La salle est vide de tout

9. Voir Jonathan Parienté et William Audureau, « Coronavirus : comment le discours des autorités sur les masques a largement changé », *Le Monde*, 3 mai 2020, en ligne : www.lemonde.fr/les-decodeurs/article/2020/05/03/coronavirus-comment-le-discours-des-autorites-sur-les-masques-a-largement-change_6038522_4355770.html

public. En temps normal, le principe de la publicité des audiences interdit, sauf exception, qu'une audience puisse se tenir si les portes ne sont pas ouvertes au public. Les masques étouffent les voix : celles des juges qui s'adressent au prévenu sans que ce dernier puisse entendre distinctement les questions qui lui sont posées ; celle du prévenu qui tente de répondre aux bribes de questions entendues. Seule la voix de l'avocat non masqué est audible. C'est pourtant rarement le cas, tant la voix de la défense s'estompait déjà avant l'épidémie derrière les impératifs de l'ordre public primant une justice exsangue et saturée.

Les tribunaux ont fait l'objet d'un plan de continuation d'activité, qui fixe les nouvelles règles applicables en leur sein, notamment en matière de publicité des audiences, d'accueil du public, des avocats et des justiciables, et de la poursuite de l'activité judiciaire. Cette activité est résiduelle et concerne les situations d'urgence, soit les domaines considérés comme prioritaires, à savoir les affaires familiales et les infractions pénales. Les conseils de prud'hommes sont fermés, privant les salariés non payés de la possibilité de saisir une juridiction pour contraindre leur employeur. Certains ne seront pas payés pendant plusieurs mois…

Dans sa bulle plastique, le jeune homme semble perdu. J'ai le temps de lui faire maladroitement comprendre qu'il doit demander un renvoi de l'affaire à une audience ultérieure, droit accordé à toute personne jugée en comparution immédiate pour préparer sa défense, au risque d'être placé en détention provisoire jusqu'à l'audience de jugement si le tribunal estime que les garanties qu'il se présentera la fois suivante devant la justice sont insuffisantes. La plupart du temps, c'est le cas des sans-papiers, sans domicile fixe, sans travail et ceux poursuivis pour des faits qui heurtent l'esprit des magistrats. Une justice d'exception pour une procédure d'exception. Une justice *de facto* discriminante qui frappe plus durement les plus précaires. L'idée qu'on se fait de la justice, celle d'une justice qui protégerait les plus fragiles, n'est qu'un vague souvenir d'étudiant en droit.

Mon client n'a pas compris ce que je lui suggérais. Il ne demande pas le renvoi et souhaite être jugé immédiatement. Il essaye vainement d'articuler quelques explications. Il est allé faire des courses dans les commerces de son quartier. Il ne savait pas qu'il fallait un papier. Il a été contrôlé trois fois sur le chemin. La troisième fois, il était placé en garde à vue. C'est le moment que j'attendais pour essayer de faire un peu de droit dans les mailles des circonstances exceptionnelles. J'ai déposé sur le bureau de la greffière trois jeux de mon mémoire présentant une QPC, prérédigé avant l'audience. L'objectif est de demander aux juges du tribunal de statuer sur le sérieux d'une inconstitutionnalité du délit de réitération de violation du confinement. En déposant et en plaidant cette QPC, les juges ont l'obligation de dire, sans délai, si la question posée est sérieuse. L'enjeu est de savoir si la loi qui instaure le délit est conforme à la Constitution. Si le juge estime que la question est sérieuse, il doit renvoyer la question à la Cour de cassation, instance judiciaire suprême. Si la Cour de cassation estime elle-même que la question est sérieuse, elle peut la renvoyer devant le Conseil constitutionnel, qui devra dire si le délit est conforme à la Constitution ou pas. Et si le Conseil constitutionnel considère que le délit n'est pas conforme à la Constitution, alors la loi est censurée et le délit n'existe plus.

Quelques jours auparavant, les tribunaux correctionnels de Bobigny et de Cusset ont renvoyé la même QPC devant la Cour de cassation. L'affaire de Cusset est assez emblématique. Un homme, handicapé, sans domicile fixe, ne sachant ni lire ni écrire, avait été verbalisé plusieurs fois puis placé en garde à vue et renvoyé devant le tribunal correctionnel en raison de la réitération d'un défaut d'attestation de sortie. Pour mon mémoire, j'avais bénéficié du travail de professeurs de droit et de mon confrère Raphaël Kempf, qui avait plaidé l'une des QPC devant le tribunal correctionnel de Bobigny.

Les principes constitutionnels qui s'opposent à ce délit de réitération de violation du confinement sont multiples. Si le bon sens avait été inscrit dans la Constitution, il aurait pu être invoqué pour faire obstacle aux poursuites sur ce fondement. Malgré les nombreux articles et déclarations d'universitaires et d'avocats qui considéraient que ce délit constituait une aberration au sens des principes directeurs du droit pénal, de la Convention européenne de sauvegarde des droits de l'homme et des libertés fondamentales ainsi qu'au regard de principes constitutionnels, le Conseil constitutionnel le validera quelques semaines plus tard en le déclarant conforme à la Constitution[10]. Durant la période de l'état d'urgence, certaines décisions du Conseil constitutionnel sanitaire ont fait primer la décision politique en fragilisant le pacte social sur les fondements des circonstances exceptionnelles et du droit à la vie.

Les critiques à l'encontre de ce délit étaient pourtant vives. Rappelons que ce délit étrange permet de poursuivre une personne devant un tribunal correctionnel dès lors qu'elle a fait l'objet de trois procès-verbaux de contraventions liées au non-respect du confinement sur une période de trente jours[11]. Or pour qu'un délit

10. Conseil constitutionnel, décision n° 2020-846/847/848 QPC du 26 juin 2020, « M. Oussman G. et autres ».
11. Article L. 3136-1 du Code de la santé publique.

soit constaté par un tribunal, il faut plusieurs éléments constitutifs. D'abord, un élément matériel, c'est-à-dire l'acte d'incrimination prévu par la loi. Pour un vol, par exemple, c'est l'acte de soustraction frauduleuse d'une chose qui constitue cet élément matériel (le fait de prendre quelque chose à quelqu'un sans qu'il le sache). Ensuite, un élément intentionnel. Pour un vol, c'est la conscience de prendre quelque chose dont on n'est pas propriétaire ou possesseur de bonne foi.

La majorité des délits sont ainsi constitués à la fois d'un élément matériel et d'un élément intentionnel. C'est ce que l'on appelle le « principe de légalité des délits et des peines ». Ce principe implique également que l'acte d'incrimination et la peine soient prévus par le législateur et non par l'administration. Il s'agit là d'un des principes qui définissent l'État de droit. Une autre règle, qui résulte de la Convention européenne de sauvegarde des droits de l'homme, est le principe du « *non bis in idem* ». Cela signifie qu'on ne peut être sanctionné deux fois pour les mêmes faits. Or, le fait de se voir infliger une contravention ne signifie pas pour autant qu'elle est définitive puisqu'elle peut être contestée pendant quarante-cinq jours devant le tribunal de police. Le problème du délit de violation réitérée du confinement réside ainsi dans ses éléments matériels : ce sont eux-mêmes des constats d'infractions contraventionnelles qui peuvent encore faire l'objet d'une contestation le jour où l'on est poursuivi devant le tribunal correctionnel pour avoir été verbalisé trois fois d'affilée sur une période de trente jours. Pour valider l'infraction, le Conseil constitutionnel a donc considéré que le tribunal correctionnel pouvait vérifier, en lieu et place du tribunal de police, la validité de chacune des contraventions constatées. Il existait déjà, dans le Code pénal, un délit similaire s'agissant du défaut réitéré de titre de transport.

L'argumentaire retenu pour valider ce délit a laissé perplexes un grand nombre de juristes, et en particulier les praticiens du droit. Il poursuit la dégradation générale des principes généraux du droit pénal, déjà à l'œuvre avec la consécration de la logique du soupçon généralisé et la prééminence de la criminalisation de l'intention sur la commission de l'acte. Il peut dorénavant s'appliquer à toute personne et à toutes les violations du confinement. Chacun peut devenir délinquant au détour d'une rue, pour avoir exercé sa liberté d'aller et venir et ne pas s'être soumis aux règles formelles d'autorisation de se déplacer en disposant d'une attestation régulière, quand bien même n'aurait-il pas eu l'intention de ne pas se conformer à la loi. Plusieurs personnes ont été jugées, condamnées voire, pour certaines d'entre elles, placées en détention provisoire en raison d'un défaut d'attestation, d'attestations considérées comme mal remplies ou dont les motifs étaient erronés.

La presse en a rendu compte à plusieurs reprises et les exemples affluent. Ainsi, un journaliste à vélo qui revenait d'un shooting photo pour les besoins d'un article s'est fait contrôler et verbaliser en raison d'une attestation remplie au crayon à papier[12] ; un ancien directeur adjoint du service d'information du gouvernement qui a écopé d'une amende de 200 euros du fait d'une attestation rédigée à la main, sur laquelle n'avait pas été recopiée l'intégralité des motifs potentiels de sortie[13] ; un patient d'une psychiatre atteint d'une crise d'angoisse, sorti pour une consultation en urgence et verbalisé parce qu'il avait coché deux cases de l'attestation dérogatoire au lieu d'une seule[14] ; ou encore une personne sortie faire des courses avec une attestation en bonne et due forme, néanmoins verbalisée parce qu'elle n'avait pu présenter un ticket de caisse[15].

12. Mathieu Dejean, « Quand les verbalisations pour non-respect du confinement deviennent abusives », *Lesinrocks.com*, 2 avril 2020, en ligne : www.lesinrocks.com/2020/04/02/actualite/societe/quand-les-verbalisations-pour-non-respect-du-confinement-deviennent-abusives/
13. *Ibid.*
14. Sopheara Lum, « La policière, l'attestation, et les "gens comme ça" », *Libération*, 30 mars 2020, en ligne : https://www.liberation.fr/debats/2020/03/30/la-policiere-l-attestation-et-les-gens-comme-ca_1783580
15. Charles Delouche Bertolasi « Confinement : des abus aussi du côté des contrôles », *Libération*, 8 avril 2020, en ligne : www.liberation.fr/france/2020/04/08/des-abus-aussi-du-cote-des-controles_1784659

Quand la police fait la loi

Face à toutes ces dérives recensées et relatées dans la presse, le Premier ministre Édouard Philippe se voyait contraint d'appeler les forces de l'ordre habilitées à dresser de telles contraventions avec plus de discernement[16]. Mais pouvait-il en être autrement, sachant que le texte était lui-même imprécis ? Après tout, l'imprécision du texte était peut-être volontaire, une manière de laisser une plus grande marge d'action et de verbalisation aux forces de l'ordre. Par ailleurs, les personnes habilitées à dresser de telles contraventions étaient bien plus nombreuses que celles censées les dresser en temps normal. Des personnes dépourvues de formation idoine étaient ainsi autorisées à verbaliser une nouvelle infraction exceptionnelle, particulièrement attentatoire à la liberté d'aller et venir. En plus de la police municipale et des gardes champêtres (et, concernant Paris, certains agents de la mairie ou de la préfecture de police), s'ajoutaient les réservistes, les adjoints de sécurité et, lorsque la contravention avait lieu dans des transports publics, les agents assermentés

16. « Sur les amendes, Philippe appelle les policiers à "faire preuve de discernement" », *Huffpost*, 1er avril 2020, en ligne : www.huffingtonpost.fr/entry/contraventions-philippe-appelle-les-forces-de-lordre-a-faire-preuve-de-discernement_fr_5e84c63cc5b6a1bb765199d6

des services de transport, comme ceux de la SNCF et de la RATP.

Si les dérives ont conduit à une incompréhension manifeste de la part de la population, elle est aussi révélatrice d'une tendance institutionnelle particulièrement dangereuse pour la démocratie. En effet, le législateur a confié au gouvernement le soin de définir les contours d'un délit qu'il lui incombe normalement de définir, en raison du principe de légalité des délits et des peines. Le gouvernement a rédigé un texte particulièrement imprécis laissant une grande marge d'appréciation aux forces sur le terrain. Le ministère de l'Intérieur a par ailleurs proposé un formulaire prérempli d'attestation dérogatoire disponible sur Internet, alors que le décret qui fixait les modalités d'attestation ne prévoyait la détention que d'un simple document justifiant du motif de sortie : un texte manuscrit, sans mentions spécifiques particulières à part l'identité, l'heure et le motif de la sortie. N'importe quel document pouvait faire l'affaire. Or, sur le terrain, les forces de l'ordre ont pris pour argent comptant l'attestation dérogatoire fournie par le ministère de l'Intérieur, allant même jusqu'à considérer que l'absence d'une telle attestation rédigée ou recopiée sur le modèle fourni par la Place Beauvau pouvait entraîner une contravention. Le simple fait d'avoir rédigé une attestation manuscrite, ou de ne pas avoir rempli l'intégralité de la déclaration préremplie fournie par le ministère de l'Intérieur sur Internet, quelquefois de l'avoir remplie au crayon à papier ou encore d'avoir informé deux motifs de sortie dérogatoires différents, a conduit certains fonctionnaires de police à verbaliser des personnes.

Dans certaines situations, la notion de « produit de première nécessité » a même conduit des fonctionnaires de police à verbaliser des personnes après vérification du contenu de leur caddie et appréciation du fameux caractère de première nécessité. Cette large marge d'appréciation laissée aux fonctionnaires de police a en réalité eu pour effet de laisser à la police le soin de déterminer les contours de la loi.

Ces pratiques sont le signe d'un double renversement de l'État de droit. D'abord parce qu'en édictant l'état d'urgence sanitaire, le législateur a confié aux forces de l'ordre le soin de déterminer les contours d'une obligation légale qu'il aurait dû définir lui-même, dès lors qu'elle renverse le principe de liberté et qu'elle est un élément constitutif d'une infraction pénale. Ensuite parce que dans un État de droit, les actes réglementaires ou de police découlent d'une habilitation du législateur. Certes, dans certains cas, le législateur peut habiliter l'exécutif à prendre des actes qui ont force de loi, comme ce fut largement le cas avec les ordonnances de l'article 38 de la Constitution, qui ont permis d'adapter quasiment tous les pans du droit à la situation sanitaire en adoptant des ordonnances en matière de droit du travail, de fonctionnement judiciaire, de fonctionnement des entreprises et des services publics. C'est aussi le cas avec l'usage de l'article 49-3, qui permet au gouvernement d'engager sa responsabilité devant le Parlement pour faire passer un projet de loi même sans débat parlementaire. En temps normal, il incombe au législateur de définir strictement les contours d'un délit afin de permettre, tant aux forces de l'ordre qu'aux personnes résidant sur le territoire, d'avoir une sécurité juridique en connaissant les frontières entre ce qui est autorisé et ce qui ne l'est pas.

Pendant l'état d'urgence sanitaire, état d'exception, c'est la police qui fait la loi. « L'État de police » est ce régime où l'administration policière prend le pas sur le pouvoir législatif, chargé d'édicter les lois, et l'autorité judiciaire, chargée de la faire sanctionner. « L'État de police » est une expression que peu avaient l'audace d'utiliser jusqu'à récemment. Mais le Syndicat de la magistrature a dernièrement franchi le pas.

Le texte de la proposition de loi sur la sécurité globale, en discussion au Parlement en novembre 2020, renforce à ce propos de manière considérable le pouvoir des forces de l'ordre. L'article 24 de ce texte prévoit ainsi l'infraction de la diffusion d'images de policiers avec la volonté de porter atteinte à leur intégrité physique ou psychique. Une peine d'un an et 45 000 euros d'amende est prévue.

L'objectif de ce texte est en réalité de permettre à tout policier d'interpeller une personne qui serait en train de le filmer, l'intention malveillante n'étant appréciée que par le tribunal. À l'issue de l'interpellation, le journaliste, le vidéaste amateur ou le manifestant qui aura pris le risque de filmer pourra être menotté, placé en garde à vue et renvoyé devant le tribunal. Le caractère très général et flou de cette fameuse « intention de porter atteinte à l'intégrité psychique » fait peser un lourd risque de condamnation sur la personne jugée.

Filmer la police est un service public qui doit être vu par le grand public et qui l'emporte sur le droit à l'image. L'empêcher revient à accroître de manière disproportionnée les pouvoirs de la police, qui n'aura plus de comptes à rendre en cas d'interpellation arbitraire ou de violences policières. Ce dépassement inédit et extraordinaire des pouvoirs et des protections donnés à la police crée un tel déséquilibre au sein des pouvoirs et contre-pouvoirs traditionnels qu'il est désormais possible de parler d'« État de police ». C'est une nouvelle fois pendant l'état d'urgence sanitaire que ces pouvoirs démesurés ont été accordés. Dans son mouvement normatif frénétique, l'état d'urgence détruit tout l'équilibre institué par l'État de droit.

Le 16 août 2020, Gérald Darmanin, en déplacement à Saint-Dizier après l'interpellation de seize personnes d'origine tchétchène, déclarait lors d'une conférence de presse que « ce sont les gendarmes, les policiers, les forces légitimes d'intervention des forces de l'ordre qui font la loi[17] ». Cette phrase a naturellement créé la polémique. En raison de la séparation des pouvoirs, qui date de la Révolution française et qui constitue l'un des piliers de l'État de droit et du fonctionnement démocratique, il incombe au législateur de créer la loi et au gouvernement ou à la police de l'appliquer ou de la faire respecter. Lapsus ou polémique volontaire, ces mots résonnent parfaitement avec le transfert de compétence normative aux forces de l'ordre. Il s'agit d'une tendance contemporaine symptomatique de la crise institutionnelle et démocratique que nous traversons.

Ce transfert du pouvoir de créer la norme légale à l'exécutif et à la police, signe majeur de déliquescence démocratique, présente cependant une réelle rationalité. En effet, lorsque l'exécutif perçoit que sa légitimité est particulièrement contestée, il est contraint de mettre en œuvre des stratégies visant à concentrer des pouvoirs qui ne lui sont pas constitutionnellement dévolus. Il doit également renforcer ses outils de protection et de maintien de l'ordre public, notamment en donnant des gages ou des faveurs à son bras armé intérieur, à savoir

17. Voir Laure Ducos, « "Aucune communauté ne fait sa loi en France", déclare Gérald Darmanin », *Le Midi libre*, 17 août 2020, en ligne : www.midilibre.fr/2020/08/17/avoir-lasile-en-france-ne-cree-par-des-droits-de-faire-le-bordel-declare-gerald-darmanin-9022722.php

les forces de l'ordre (gendarmerie ou police). Donner une grande liberté d'action et accroître le pouvoir des forces de l'ordre, notamment en leur octroyant un pouvoir normatif en principe dévolu au législateur et en leur lâchant la bride dans le cadre du maintien de l'ordre ou des interventions policières, contribuent à renforcer la fidélité de l'outil policier à l'exécutif, et ainsi de compenser la fragilité politique de ce dernier.

Une justice d'urgence tétanisée par l'urgence

Retour sur l'audience de comparution immédiate. Je m'apprête à plaider la QPC en espérant que le tribunal la considère comme sérieuse et la renvoie devant la Cour de cassation. Mais le tribunal refuse de m'entendre plaider et renvoie l'affaire à une date ultérieure. Pourtant, une QPC doit être entendue sans délai dès lors qu'elle est déposée devant le tribunal. Malgré mes protestations et celles de nombreux confrères, rien n'y fait. Le tribunal évite l'obstacle. Le jeune homme dans sa bulle est néanmoins libéré. Victoire d'espèce mais pas de principe.

La deuxième affaire concerne une joggeuse sortie sans attestation. C'est la première fois qu'elle se retrouve devant un tribunal correctionnel et elle n'est pas poursuivie pour violation réitérée du confinement, mais pour des faits de violences sur personne dépositaire de l'autorité publique. En l'occurrence, il lui est reproché d'avoir toussé sur la commissaire du 18e arrondissement de Paris, qui tentait de l'interpeller pour outrage sur personne dépositaire de l'autorité publique – elle aurait proféré des insultes à son égard. C'était la première fois qu'elle était verbalisée au cours du confinement, mais ces contrôles laissés à l'appréciation des fonctionnaires de police ne sont pas compris et peuvent donner lieu à des protestations de la part des personnes qui n'ont pas l'habitude de se retrouver confrontées à une contrainte. Alors que les habitants des quartiers populaires ont conscience de la possibilité de subir un contrôle d'identité à tout moment, voire plusieurs fois par jour, alors qu'ils ont intégré la surveillance permanente et la répression, les habitants des quartiers plus aisés sont surpris par ces nouvelles contraintes qui s'abattent sur eux. Cela donne lieu à des crispations supplémentaires dans les rapports avec la police. Dans cette affaire aussi, le tribunal décide de renvoyer l'affaire à une date ultérieure.

Cette affaire est révélatrice d'une nouvelle extension des mesures de surveillance et de répression. Toute la population française est désormais sujette au sort autrefois réservé aux quartiers populaires et aux populations issues de l'immigration. Ce mécanisme d'extension, ou de tache d'huile, est une fois encore commun à tous les phénomènes de réduction des libertés fondamentales, de surveillance ou de répression. Les dispositifs contemporains de violences policières sont d'abord expérimentés dans les quartiers populaires – création des BAC, utilisation d'armes modernes, dites « sublétales », comme les Flash-Ball (ancêtres des LBD) et les Taser – avant d'être utilisés sur des pans plus larges de la population, notamment dans les manifestations. C'est aussi le cas des nouvelles techniques de surveillance, des interceptions téléphoniques et du fichage qui ont dans un premier temps été utilisés par la police judiciaire dans les domaines de la grande criminalité, du terrorisme ou du trafic de stupéfiants, avant d'être étendus à d'autres domaines relevant de la matière administrative. Ils sont notamment de plus en plus utilisés contre des militants politiques. L'application StopCovid, développée par le gouvernement pour permettre un traçage des cas de contamination, détient aussi ce potentiel d'extension généralisée des méthodes de surveillance numérique à l'intégralité de la population. À chaque fois, il s'agit d'expérimenter des techniques de contrôle social au sein d'espaces géographiques ou temporels spécifiques, avant de les généraliser.

Ces expérimentations géographiques et temporelles du contrôle social constituent des états d'exception, des brèches dans le droit commun. L'objectif de l'expérimentation géographique dans les quartiers populaires est d'affiner l'usage de ces dispositifs sur des populations qui n'intéressent pas l'opinion publique. Il n'est pas non plus anodin que ces populations soient majoritairement issues d'anciennes colonies françaises. L'expérience de la guerre d'Algérie a montré que la France et l'institution policière avaient particulièrement mal vécu cet épisode de décolonisation. Les morts de Charonne en 1962 et les Algériens noyés dans la Seine en 1961 en sont des exemples particulièrement atroces[18]. Les violences policières racistes et les contrôles au faciès, pour lesquels la France a été condamnée par les juridictions civiles pour discrimination, en sont d'autres symptômes[19]. Il s'agit toujours de moments où l'opinion publique est tellement fragilisée et tétanisée qu'elle ne s'oppose pas à ces dispositifs de surveillance et de répression. C'est le cas des états d'urgence. Qu'il s'agisse de l'image de la tache d'huile ou de celle du cliquet, elles établissent le caractère définitif des atteintes progressives aux libertés fondamentales, sans retour en arrière possible.

18. Morvan56, « Ne jamais oublier le massacre du métro Charonne du 8 février 1962 », blog personnel hébergé par *Mediapart*, 9 février 2018, en ligne : https://blogs.mediapart.fr/morvan56/blog/090218/ne-jamais-oublier-le-massacre-du-metro-charonne-du-8-fevrier-1962

19. Cour de cassation, première chambre civile, 9 nov. 2016, n° 15-24.210, 15-25.873, 15-24.212, 15-25.872.

6

Les violences policières déconfinées

De l'usage de la force par l'autorité publique

Les violences policières ne sont pas apparues pendant l'état d'urgence sanitaire ni même depuis la loi Travail ou le mouvement des Gilets jaunes ; elles existent depuis toujours. Alors qu'est-ce qui explique leur actualité médiatique et politique ? En quoi les violences policières commises pendant l'état d'urgence sanitaire sont-elles différentes ? Avant de répondre à ces questions, il faut s'entendre sur les termes utilisés. Les violences policières sont toutes les violences commises par des dépositaires de l'autorité publique qui disposent, du fait de la loi, du pouvoir d'user de la force. L'usage de la force peut être simplement physique ou mise en œuvre à l'aide d'armes en dotation. La force comme les armes sont régies par des conditions légales générales d'utilisation ainsi que par des règles écrites et non écrites d'utilisation. Les règles non écrites sont celles dispensées lors des formations des personnes dépositaires de l'autorité publique. La force peut être utilisée soit dans le cadre de la police administrative – notamment en maintien de l'ordre, lors d'attroupements ou de manifestations sur la voie publique –, soit dans le cadre de la police judiciaire, pour mettre fin à des infractions en train de se dérouler, au cours d'enquêtes ou d'instructions pour interpeller les personnes suspectées de les commettre, ou bien encore pour mettre ces dernières à la disposition de la justice lors d'interrogatoires ou de procès.

Les deux règles générales de l'usage de la force et des armes sont la nécessité et la proportionnalité[1]. Cela signifie qu'un policier ou un gendarme ne peut user de la force que si elle est nécessaire. Si une personne qui ne représente pas un danger particulier doit être interpellée, il n'est pas nécessaire de la contraindre ni de lui passer les menottes[2] ; il suffit de lui demander de suivre les agents vers le lieu de son audition ou de sa garde à vue. Toute contrainte physique ou tout usage d'armes contre une personne qui pourrait volontairement suivre les policiers n'est pas nécessaire et, partant, illégale. La force ou l'usage des armes doit également être proportionné à la situation ou au danger. Ainsi, il serait disproportionné d'user d'une arme à feu sur

1. Articles R211-13 et L435-1 du Code de la sécurité intérieure.
2. Article 803 du Code de procédure pénale.

une personne qui, bien que récalcitrante à son interpellation, ne disposerait pas d'arme ou ne présenterait pas de signes permettant de croire qu'elle pourrait en user. Tout usage de la force ou d'une arme réalisé en contravention à ces deux règles constitue une violence pure, illégale et, partant, constitutive elle-même d'une infraction. Le policier qui commet une telle violence devient lui-même un délinquant ou un criminel si cette violence devait entraîner une infirmité permanente, une mutilation ou la mort[3].

Des violences postcoloniales aux violences policières généralisées

L'histoire contemporaine des violences policières débute dans les quartiers populaires, dont une importante part de la population est issue de l'immigration des pays décolonisés (Maghreb et Afrique subsaharienne). La création des brigades anti-criminalité en 1994, spécialisées dans la délinquance de zones dites à risques, le développement de nouvelles techniques d'intervention de type antiémeute, notamment depuis les soulèvements de 2005 qui ont suivi la mort de Zyed et Bouna, et enfin la mise en place de l'état d'urgence

3. Articles 222-7, 222-8, 222-9, 222-10 du Code pénal.

dans certains quartiers, établissent une logique de répression indéniablement liée au rapport pour le moins compliqué de la France à son passé colonial.

Le lien historique entre les états d'urgence mis en place pendant la guerre d'Algérie et l'état d'urgence de 2005 s'établit ainsi. Cette répression s'inscrit dans les institutions d'un État qui garde l'histoire de la rupture avec l'Algérie dans son ADN. Les populations des quartiers populaires sont à la fois le symbole de l'échec d'une décolonisation apaisée et la marque de l'histoire de l'impérialisme français. Ainsi, une part importante de la population française, et notamment de nombreux pieds-noirs qui ont dû quitter l'Algérie lors de son indépendance, a conservé un sentiment de frustration à l'égard du processus d'indépendance de l'Algérie et de la population algérienne. Il en est de même de l'administration civile et militaire, qui a eu beaucoup de mal à faire le deuil de cette décolonisation.

La décolonisation et le trauma causé par les évènements de la guerre d'Algérie sur les territoires français et algérien subsistent aujourd'hui dans la conscience collective nationale. Les pratiques policières de l'époque, qui visaient les indépendantistes algériens et, plus généralement, tous les Algériens et leurs soutiens, se sont inscrites dans une continuité pédagogique et systémique. Elles ont prospéré et ont par la suite visé les générations d'Algériens immigrés installées dans les grands ensembles HLM en France, avant de s'étendre sans distinction à toutes les populations de ces grands ensembles ainsi qu'aux nouvelles générations.

Cette logique de répression se traduit par une confrontation permanente avec les populations parmi les plus précaires du territoire français. Cette précarité et la discrimination systémique que subissent ces populations en matière d'accès à l'emploi et au logement peuvent contraindre certains à s'inscrire dans la délinquance ou la révolte sociale. Les quartiers populaires sont ainsi associés politiquement et médiatiquement à la criminalité et ont l'image d'une population qui refuse de s'intégrer à la société française. Pourtant, loin d'un refus, la réalité est surtout faite de l'impossibilité, pour plusieurs générations de populations issues de l'immigration, d'accéder aux classes supérieures de la société et à une émancipation financière en raison d'une discrimination permanente liée à l'origine, à la couleur de peau ou au patronyme : difficulté à louer des logements dans les centres-villes et impératif de demeurer dans les zones périurbaines pour bénéficier de loyers en adéquation avec le niveau de revenus ; taux de chômage particulièrement élevé en raison d'une discrimination dans l'accès à l'emploi ; habitat indigne et insalubre avec un environnement dégradé, notamment en termes d'activités extrascolaires. La situation, explosive, peut en partie s'expliquer par un refoulé colonial de l'État français. Annoncer des plans d'aides financières dans les banlieues ne résout pas les cicatrices toujours ouvertes de l'histoire coloniale ni les idées préconçues d'une grande partie des Français vis-à-vis de ces populations.

La confrontation entre les forces de l'ordre et ces populations pour qui l'ascenseur social est en panne était inévitable. Les diverses politiques sociales mises en place par le passé ont toutes échoué et ont été remplacées par une répression à la fois policière, médiatique et politique. La volonté de domestication de ces populations s'est matérialisée par le développement des contrôles d'identité dits « au faciès », c'est-à-dire liés à la couleur de peau ou à l'origine ethnique supposée des personnes qui en font l'objet. Extrêmement fréquents, ces contrôles arbitraires donnent lieu à des brimades et des humiliations – fouilles à corps, vidage des poches, des coffres de voitures, tutoiement systématique, placements injustifiés en garde à vue, fichage des empreintes papillaires ou génétiques – qui sont justifiées par la dangerosité supposée desdites populations, et se terminent la plupart du temps au tribunal dans des audiences de comparution immédiate. Les personnes visées sont poursuivies pour des infractions d'outrage[4] et de rébellion[5], deux délits qui constituent

4. Article 433-5 du Code pénal.
5. Article 433-6 du Code pénal.

la réponse policière à l'insoumission supposée de la personne contrôlée à l'autorité légitime du fonctionnaire.

Car c'est bien de cela qu'il s'agit dans ce rapport de confrontation : loin de cibler la délinquance, le contrôle systématique a pour objet de soumettre et d'exprimer une autorité qui s'apparente à un autoritarisme viriliste. Les poursuites pour outrage et rébellion sont souvent le corollaire d'une confrontation ou d'une interpellation violente. Elles permettent aux fonctionnaires de police, auteurs de violences illégitimes, de faire poursuivre, par l'intermédiaire du parquet, des victimes de violences policières dans le cadre de procédures urgentes de comparution immédiate. Les victimes sont ainsi dépourvues de la possibilité de faire sanctionner les contrôles abusifs et les violences dont elles ont fait l'objet. Elles sont par ailleurs fréquemment condamnées par des tribunaux pour lesquels la parole policière revêt une force probante, contrairement à la parole de la personne poursuivie. Une victime de violence policière est ainsi souvent doublement victime : de la violence policière proprement dite, puis de la violence judiciaire qui a vocation à éteindre sa parole de victime.

Des quartiers populaires aux manifestations

Depuis des décennies, les quartiers populaires sont le lieu d'expérimentation de stratégies et de techniques d'interpellation et de maintien de l'ordre qui s'apparentent à des outils de répression et de soumission de populations afin d'étouffer la colère sociale. Néanmoins, ces stratégies ne sont pas restées confinées dans l'espace clos des grands ensembles. Elles ont été transférées dans le maintien de l'ordre et la répression des mouvements sociaux, sur les ZAD, notamment celles de Notre-Dame-des-Landes et du chantier du barrage de Sivens. C'est sur cette dernière ZAD que Rémi Fraisse, jeune homme de 21 ans, est décédé à la suite du lancer d'une grenade offensive dite « OF F1 »[6], une arme militaire contenant 70 grammes d'un explosif de type TNT. Comme de nombreux militants écologistes majoritairement pacifistes, il occupait le site dans le but de faire abandonner le projet de barrage. Pendant plus d'un an, les militants furent malmenés et contraints de quitter un chantier finalement abandonné car considéré comme illégal par une juridiction administrative.

6. Mathieu Dejan, « Mort de Rémi Fraisse : les gendarmes ont livré trois versions différentes des faits », *Les Inrockuptibles*, 31 octobre 2014, en ligne : www.lesinrocks.com/2014/10/31/actualite/actualite/mort-remi-fraisse-les-gendarmes-livre-trois-versions-differentes-faits

Si elle a fait grand bruit, la mort de Rémi Fraisse n'a cependant pas éteint le transfert des nouvelles stratégies de maintien de l'ordre et de confrontation dans le cadre de la gestion des mouvements sociaux. Certes, la grenade OF F1 a finalement été supprimée de l'arsenal légal mais d'autres armes, comme les grenades GLI-F4, composées de gaz lacrymogène et de 26 grammes de TNT, les Flash-Ball, progressivement remplacés par des lanceurs de balles de défense (LBD), plus précis mais également plus puissants, ainsi que les grenades de désencerclement, qui émettent des plots de caoutchouc en explosant, ont été massivement utilisés[7]. Les mutilations, infirmités permanentes, blessures graves et autres chocs post-traumatiques se sont depuis multipliés dans des conflits sociaux toujours plus arides et violents.

Ainsi, lors de la seule manifestation du 14 juin 2016 à Paris contre la loi Travail, la police annonçait avoir fait usage de 1 500 grenades, 175 grenades de désencerclement et un tir de lanceur de balle de défense[8]. Dans son rapport publié le 31 mai 2017, Amnesty International

7. Voir « "Gilets jaunes" : la police a tiré 19 000 munitions LBD et 5 400 grenades en 2018é, *L'Obs*, 13 juin 2019, en ligne : www.nouvelobs.com/societe/20190613.OBS14362/gilets-jaunes-la-police-a-tire-19-000-munitions-lbd-et-5-400-grenades-en-2018.html

8. « Manifestation contre la loi travail : un "niveau de violence particulier", selon la préfecture », *Le Monde*, 15 juin 2016, en ligne : www.lemonde.fr/societe/article/2016/06/15/manifestation-du-14-juin-a-paris-41-personnes-en-garde-a-vue_4951191_3224.html

France faisait état d'un bilan, recensé par les *street medics*[9], d'au moins 1 000 blessés pendant le mouvement social contre la loi Travail, uniquement à Paris[10].

C'est cependant au cours du mouvement des Gilets jaunes que cette nouvelle doctrine du maintien de l'ordre a trouvé son expression la plus décomplexée. Après les épisodes de violences ayant opposé les Gilets jaunes aux forces de l'ordre les 1er et 8 décembre 2018 sur les Champs-Élysées et la place de l'Étoile, le préfet Michel Delpuech est finalement remplacé le 20 mars 2019 par le préfet Didier Lallement, dont la mission est de rétablir l'ordre et l'autorité de l'État. L'usage de la confrontation directe, avec notamment le déploiement d'unités de police, souvent issues des brigades anti-criminalité, formées à l'antiémeute plutôt qu'au maintien de l'ordre, marque l'augmentation sans précédent des mutilations et infirmités. Éborgnements, mains arrachées, fractures, traumas crâniens, lésions corporelles et traumas psychologiques sont recensés par le journaliste David Dufresne qui les documente sur son compte Twitter Allô place Beauvau.

9. Les *street medics* sont des soignants bénévoles qui interviennent dans les manifestations en urgence et pour apporter les premiers soins aux éventuels blessés.

10. « France : le droit de manifester menacé », *Amnesty International France*, 31 mai 2017, en ligne : www.amnesty.fr/liberte-d-expression/actualites/droit-de-manifester-en-france

Les institutions internationales et européennes – commissaire aux droits de l'homme du Conseil de l'Europe[11], Haut-Commissariat des Nations unies aux droits de l'homme[12], plusieurs rapporteurs spéciaux des Nations unies[13], Parlement européen[14], Défenseur des droits[15], CNCDH[16] – ainsi que les organisations de défense des droits de l'homme condamnent toutes l'usage disproportionné de la violence par les forces de police françaises.

11. Commissaire aux droits de l'homme, « Mémorandum sur le maintien de l'ordre et la liberté de réunion dans le contexte du mouvement des "Gilets jaunes" en France », 26 février 2019, en ligne : https://rm.coe.int/memorandum-sur-le-maintien-de-l-ordre-et-la-liberte-de-reunion-dans-le/1680931add
12. Haut-Commissariat des Nations unies aux droits de l'homme, « France : des experts de l'Onu dénoncent des restrictions graves aux droits des manifestants "Gilets jaunes" », 14 février 2019, en ligne : www.ohchr.org/FR/NewsEvents/Pages/DisplayNews.aspx?NewsID=24166&LangID=F.
13. « Violences policières : des experts de l'Onu souhaitent que le gouvernement sorte du "déni de réalité" », *France Bleu*, 22 mai 2019, en ligne : www.francebleu.fr/infos/societe/violences-policieres-les-experts-de-l-onu-demande-au-gouvernement-de-sortir-du-deni-de-realite-1558539823
14. Jean-Jacques Régibier, « Le Parlement européen condamne les violences policières contre les manifestants », *L'Humanité*, 15 février 2019.
15. Fanny Marlier, « Le Défenseur des droits dénonce des violences policières "discriminatoires systémiques" », *Les Inrockuptibles*, 2 juin 2020, en ligne : www.lesinrocks.com/2020/06/02/actualite/societe/le-defenseur-des-droits-denonce-des-violences-policieres-discriminatoires-systemiques/
16. CNCDH, « Déclaration sur les violences policières illégitimes », 28 janvier 2020.

Cette volonté de soumettre des manifestants se couple avec les stratégies d'interdiction de manifester, de filtres, d'interpellations massives des manifestants et de placement injustifié en garde à vue. À cet égard, une note du parquet de Paris fait clairement apparaître la volonté de maintenir jusqu'à l'issue des manifestations les personnes placées en garde à vue, même lorsque aucun fait délictuel ne pouvait être retenu contre elles[17]. Cette stratégie met en exergue le rôle du couple préfecture-justice, qui existait déjà de manière informelle dans les quartiers populaires. L'objectif poursuivi n'est pas seulement de mettre un terme à la violence de certains manifestants ainsi qu'aux dégradations urbaines ; il est aussi d'éteindre la colère sociale, d'intimider et de dissuader les manifestants d'exprimer leurs revendications dans la rue.

Les quartiers populaires ont été les cobayes de ces dispositifs, avant que les centres-villes et les mouvements sociaux n'en fassent eux aussi les frais. L'image de la tache d'huile comme phénomène d'extension généralisée des violences policières à une population

17. « "Gilets jaunes" : une note du procureur de la République de Paris préconise de ne lever les gardes à vue qu'après les manifestations », *Francetvinfo*, 26 février 2019, en ligne : www.francetvinfo.fr/economie/transports/gilets-jaunes/gilets-jaunes-une-note-du-procureur-de-la-republique-de-paris-preconise-de-ne-lever-les-garde-a-vue-qu-apres-les-manifestations_3207897.html

toujours plus importante et sociologiquement diverse se vérifie là encore.

Violences policières en période de confinement

Les observateurs quotidiens de ces violences se sont multipliés depuis l'apparition, dans plusieurs villes de France, de journalistes d'un nouveau genre ou membres d'observatoires des violences et pratiques policières. Équipés de caméras ou de téléphones portables, de masques à gaz et de lunettes de protection, ils ont remplacé les journalistes traditionnels, souvent eux-mêmes la cible de violences tant de la part de manifestants que des forces de l'ordre qui voient d'un mauvais œil le fait d'être filmés pendant les épisodes de confrontations. Devenus des cibles privilégiées, de nombreux journalistes ont ainsi été blessés au cours de ces mouvements sociaux[18]. Plusieurs enquêtes sont en cours sur des violences commises à l'encontre de journalistes[19], parallèlement à l'explosion des enquêtes

18. Voir notamment « Taha Bouhafs interpelé en plein live par la police à Villeneuve ! », *Révolution Permanente*, 19 avril 2020, en ligne : https://www.revolutionpermanente.fr/VIDEO-Taha-Bouhafs-interpele-en-plein-live-par-la-police-a-Villeneuve

19. « "Nous assistons à une volonté délibérée de nous empêcher de travailler" : plus de 300 journalistes dénoncent les violences policières », *FrancetvInfo*, 1er mai 2019.

sur les violences commises par les forces de l'ordre sur les manifestants.

Le déséquilibre entre les poursuites engagées contre les violences commises par les manifestants et celles commises par les forces de l'ordre est édifiant, et lié tant à des facteurs structurels que psychologiques. En premier lieu, en matière pénale, le détenteur de la mise en mouvement de l'enquête et de l'action publique est le procureur de la République. Soumis au ministère de la Justice, il est en France organiquement relié à l'exécutif, qui supervise par ailleurs l'action des forces de l'ordre en matière judiciaire, c'est-à-dire lorsqu'un délit a été commis. Les enquêtes contre les fonctionnaires de police ou de gendarmerie mis en cause dans le cadre de violences sont donc freinées par un conflit d'intérêts structurel. Par ailleurs, lorsqu'un fonctionnaire de police est mis en cause, l'enquête est la plupart du temps confiée à l'Inspection générale de la Police nationale (IGPN) ; lorsque le délit est attribué à un gendarme, c'est l'Inspection générale de la Gendarmerie nationale (IGGN) qui en est en charge. Ces services sont eux-mêmes respectivement composés de policiers et de gendarmes, ce qui génère des enquêtes régulièrement bâclées ou prises à la légère lorsque le délit allégué est commis dans l'exercice des fonctions et notamment lors d'une interpellation ou d'une opération de maintien de l'ordre. Ces raisons tant structurelles que psychologiques conduisent à un nombre particulièrement important de classements sans suite, liés soit à l'absence d'identification des auteurs de violences policières soit à une légitimation souvent acrobatique de ces violences.

S'agissant des violences policières, le phénomène de la tache d'huile ne s'est cependant pas arrêté au mouvement des Gilets jaunes et, plus globalement, aux mouvements sociaux. Tout contrôle d'attestation lié au confinement est potentiellement concerné par ces violences. Confinement oblige, les observateurs et journalistes qui en ont fait leur spécialité ne peuvent pas réaliser le même travail qu'en manifestation. Par ailleurs, pendant l'état d'urgence, le territoire d'observation potentielle est constitué de l'intégralité de l'espace public français, ce qui contribue à invisibiliser les violences policières. À l'instar de l'extension de la privation de liberté d'aller et venir à l'ensemble de la population, ces violences concernent désormais potentiellement toute personne résidant sur le territoire. Si la sociologie des victimes en est transformée, elle concerne néanmoins une forme de permanence s'agissant des victimes noires, arabes ou issues de l'immigration.

Le recensement partiel d'un certain nombre de violences policières relatées par la presse locale et régionale est le seul moyen de se faire une idée de la persistance de l'outil « violences policières » comme outil de contrôle social par le gouvernement pendant la période du confinement. Les cas rapportés dans les lignes qui suivent font quelquefois l'objet d'enquêtes judiciaires. Ils relayent la parole des victimes des violences policières.

Avant même l'entrée en vigueur de l'état d'urgence sanitaire, le 19 mars 2020, Chems, 19 ans, habitant de Torcy (Seine-et-Marne), indique avoir été étranglé par un agent de police et insulté par un autre[20]. Les injures auraient un caractère raciste. Il indique qu'il attendait un ami en bas de sa tour, sans attestation de déplacement. Contrôlé par des agents de police, il ment d'abord sur son identité avant de la décliner. Un des agents l'aurait alors pris violemment par le cou et étranglé pendant que son collègue aurait proféré des injures racistes à son égard. Des témoins présents aux fenêtres sont inquiets de la scène. Une plainte a été déposée et le Défenseur des droits a été saisi. Une enquête a été ouverte par le parquet de Torcy.

Le même jour, Ramatoulaye, 19 ans, habitante d'Aubervilliers (Seine-Saint-Denis), indique avoir été frappée, insultée et tasée par des agents de police. Jeune

20. « Au nom de la lutte contre le Covid-19, la police française a déjà tué 5 personnes et fait plus de 10 blessés graves », *Paris-luttes. Info*, 20 avril 2020, en ligne : https://paris-luttes.info/au-nom-de-la-lutte-contre-le-covid-13848#nb10

maman de 19 ans, Ramatoulaye indique être sortie faire des courses avec une attestation de déplacement manuscrite[21]. Lorsqu'elle se fait contrôler par des agents de police, elle est accompagnée de son frère, âgé de 7 ans. À la présentation de l'attestation de déplacement, les agents de police se seraient moqués d'elle et auraient notamment tenu à son égard des propos dégradants. Le ton serait rapidement monté. Un pistolet à impulsion électrique aurait été utilisé sur sa poitrine. Ramatoulaye est interpellée et placée en cellule pendant une heure. Elle s'est vu prescrire une incapacité temporaire de travail (ITT) de cinq jours. Une plainte a été déposée et le Défenseur des droits a été saisi.

Les violences se poursuivent à un rythme plus important dès le vote de la loi sur l'état d'urgence sanitaire, le 23 mars 2020. Un article de presse rapporte que Yassine, 30 ans, habitant des Ulis (Essonne), a reçu des coups de matraque de la part de policiers[22]. Il aurait été tabassé par des policiers alors qu'il sortait de son immeuble pour aller acheter du pain. Il n'aurait même pas eu à présenter son attestation ou à justifier sa sortie puisque les agents, qui étaient « déchaînés », selon son témoignage, l'auraient directement pris à partie. Plaquage contre le mur, coups de pied et coups de

21. *Ibid.*
22. *Ibid.*

matraque lui ont valu cinq jours d'ITT. Selon l'article, une plainte a été déposée.

Le lendemain, toujours aux Ulis, Sofiane, 21 ans, aurait été passé à tabac par des agents de la BAC. Selon l'article qui rapporte ces violences, il aurait oublié son attestation et, pris de panique à la vue des policiers, aurait tenté de fuir[23]. Il n'a pas été arrêté ni verbalisé, mais aurait subi des violences physiques aggravées de la part d'agents de la BAC. Ce passage à tabac lui a valu quatre jours d'ITT, quinze jours d'arrêt maladie prescrits par un psychiatre, et un important traumatisme. Une plainte aurait été déposée.

Deux jours plus tard, le 26 mars 2020, Houssam, 25 ans, habitant d'Aulnay-sous-Bois (Seine-Saint-Denis), aurait été victime d'injures à caractère raciste lors d'une verbalisation abusive. En revenant du travail, il aurait été interpellé par la police de manière agressive[24]. Il est indiqué qu'il disposait de son attestation de déplacement et de son attestation de travail. Interpellé avant minuit, les agents de police en profitent pour le retenir un moment afin de justifier d'un dépassement

23. « Des agents de la BAC filmés en train de lyncher Sofiane, 21 ans, sous un porche aux Ulis », *Issues*, en ligne : https://issues.fr/ulis-bavure-confinement-2/

24. Coline Béguet, « Écoute-moi bien, sale arabe. Tu prends ta voiture et tu vas te faire enculer ailleurs », *Le Bondy Blog*, 2 avril 2020, en ligne : www.bondyblog.fr/societe/police-justice/ecoute-moi-bien-sale-arabe-tu-prends-ta-voiture-et-tu-vas-te-faire-enculer-ailleurs/

du délai indiqué sur son attestation de déplacement. Il est ensuite à nouveau verbalisé après avoir remis en cause la bonne foi des agents, cette fois-ci au motif qu'il utilisait son portable au volant, alors qu'il aurait été en stationnement. Une plainte a été déposée.

Le 1er avril 2020, Walid, 30 ans, habitant de Montceau-les-Mines (Saône-et-Loire), aurait été tabassé par des policiers. Sorti s'acheter à manger, Walid est contrôlé par des agents de police, comme souvent[25]. Celui-ci décide de leur faire remarquer la répétition des contrôles d'identité dont il fait l'objet. Excédé, il aurait filmé la scène, mais les agents de police, furieux de son attitude défiante, s'en seraient pris à lui de manière violente. Il est placé en garde à vue pour quarante-huit heures sur le fondement d'outrage, de rébellion et de violences contre les policiers. Walid se serait vu octroyer seize jours d'ITT. Une plainte a été déposée.

Le 4 avril 2020, une fillette de cinq ans est blessée à la tête à Chanteloup-les-Vignes (Yvelines) lors d'un affrontement entre les forces de l'ordre et des habitants[26]. Les parents indiquent qu'il s'agit d'un tir de LBD. Pour riposter face au nombre de jeunes hommes violents, les agents de police, en infériorité

25. « Au nom de la lutte contre le Covid-19, la police française a déjà tué 5 personnes et fait plus de 10 blessés graves », art. cité.
26. « Yvelines : une fillette gravement blessée lors de violents incidents à Chanteloup », *Le Parisien*, 5 avril 2020.

numérique, auraient tiré directement au LBD, l'une des balles atteignant la fillette. Elle est transportée en urgence à l'hôpital dans un état grave. Une enquête confiée à l'IGPN a été ouverte.

Le 15 avril à Rouen (Seine-Maritime), un homme de 60 ans décède dans le commissariat municipal[27]. Arrêté pour conduite « sous l'empire d'un état alcoolique », il aurait été retrouvé mort dans sa cellule. L'homme avait été examiné par un médecin, qui ne s'était pas opposé à la poursuite de sa garde à vue. Lorsque les policiers ont voulu l'interroger, à 5 heures du matin, il aurait perdu connaissance. Une enquête est ouverte et une autopsie a été réalisée.

Le même jour, à Noisy-le-Grand (Seine-Saint-Denis), un policier aurait fait usage de son arme en tirant sur son voisin. Le policier, qui n'était pas en service, se serait rendu à 23 h 30 au domicile de son voisin et le ton serait monté entre les deux hommes[28]. Avant cela, le policier aurait publié une photo avec son arme rentrée dans la ceinture de son jean, avec comme légende : « Je me rends chez mon voisin d'en dessous

27. « Un sexagénaire meurt en garde à vue au commissariat de police de Rouen », *Paris-Normandie,* 15 avril 2020, en ligne : https://www.paris-normandie.fr/actualites/faits-divers/un-sexagenaire-meurt-en-garde-a-vue-au-commissariat-de-police-de-rouen-EJ16687762
28. Nathalie Revenue et Florian Loisy, « Seine-Saint-Denis : le policier se met en scène sur Snapchat avant et après avoir tiré sur son voisin », *Le Parisien,* 17 avril 2020.

qui fait du tapage. Il m'invite à descendre sale fils de pute. J'y vais. » Sur une deuxième photo, des taches de sang apparaissent sur le sol, tandis qu'en commentaire, le policier écrit « j'ai tiré ». Selon ce dernier, son voisin lui aurait foncé dessus, un couteau à la main, alors que le policier s'apprêtait à prendre l'ascenseur. La victime a été hospitalisée. L'IGPN, la police des polices, n'a pas été saisie – « Il a été estimé que le policier n'avait pas agi pendant son service ». Le contrôle judiciaire du policier a été assorti d'une « interdiction de détenir ou porter une arme » et de l'obligation de résider dans un autre domicile. L'enquête a été confiée à la police judiciaire du département.

Le 15 avril 2020, à La Courneuve (Seine-Saint-Denis), un jeune de 25 ans est tué par cinq balles, dont trois lui arrivent en pleine tête[29]. L'homme aurait été abattu après avoir « menacé » des policiers avec un couteau dans le parc de la Courneuve. Les policiers lui auraient demandé de quitter les lieux à plusieurs reprises mais le jeune homme de nationalité afghane ne comprenant pas le français, n'aurait pas obéi. Il avait

29. Nathalie Revenu, Jean-Michel Décugis et Maxime François, « Seine-Saint-Denis : trois policiers abattent un homme qui les menaçait avec un couteau dans le parc de La Courneuve », *Le Parisien*, 16 avril 2020, en ligne : www.leparisien.fr/seine-saint-denis-93/seine-saint-denis-un-policier-abat-son-agresseur-de-plusieurs-balles-dans-le-parc-de-la-courneuve-15-04-2020-8300262.php

fait une demande de droit d'asile en France. Le parquet de Bobigny a ouvert une enquête qui a été confiée à l'IGPN et à la police judiciaire du département. Une autopsie devait être pratiquée sur le corps du jeune homme. Les policiers n'ont pas été placés en garde à vue car les agents auraient tiré pour défendre leur collègue.

Le 18 avril, à Villeneuve-la-Garenne (Hauts-de-Seine), un jeune homme de 28 ans est gravement blessé après avoir percuté une portière brusquement ouverte par un policier sur la trajectoire de la moto[30]. Le policier aurait ouvert sa portière pour le contrôler. Le jeune homme est hospitalisé et quatre-vingt-dix jours d'ITT lui ont été accordés. Son avocat a déposé plainte le 20 avril pour « violence en réunion avec arme par personne dépositaire de l'autorité publique », et a demandé l'ouverture d'une enquête de l'IGPN.

Le 21 avril 2020, à Limoges (Haute-Vienne), un homme reçoit un tir de LBD à bout portant avant d'être tabassé alors qu'il est à terre, pour non-respect du confinement. Les témoins parlent d'un contrôle d'attestation de confinement qui aurait mal tourné. Un commerçant du quartier indique que les policiers

30. « Villeneuve-la-Garenne. Un homme grièvement blessé, fauché par la portière d'une voiture de police », *Révolution permanente*, 19 avril 2020, en ligne : www.revolutionpermanente.fr/Villeneuve-la-Garenne-Un-homme-grievement-blesse-fauche-par-la-portiere-d-une-voiture-de-police

lui auraient pratiqué une « balayette, genou sur la tête, puis ils l'[auraient] laissé ». Plus tard, en début de soirée, les policiers reviennent sur les lieux. Un témoin raconte : « Le mec qu'ils avaient interpellé va les voir. On les voit courir derrière lui. Y a un coup de Flash-Ball et un coup de pied, alors qu'il est par terre. C'est la même personne que la première fois, on le reconnaît, il a les mêmes vêtements. Et pour nous éloigner, le policier jette une grenade de désencerclement. » L'IGPN a été saisie[31].

Le 24 avril 2020, à Toulouse (Haute-Garonne), un homme est tabassé lors de son interpellation. Pour le coucher, l'un des policiers l'aurait frappé plusieurs fois, à terre, avec une muselière, notamment au niveau de la nuque. Un fonctionnaire lui aurait également intimé à plusieurs reprises de se coucher, alors que l'homme lui criait « je m'étouffe ». Les syndicats de police auraient invoqué la légitime défense. L'homme frappé a été placé en garde à vue et aurait comparu devant le juge des libertés et de la détention. Il souhaite porter plainte contre les policiers[32].

31. « Violences policières : une vidéo montre un tir de LBD à bout portant et un coup de pied sur un homme au sol à Limoges », *Issues*, en ligne : https://issues.fr/violences-policieres-limoges/
32. Clément Fulleda et Magalie Lacombe, « Une vidéo montre des policiers frappant un homme avec une muselière pendant une interpellation à Toulouse », *France Bleu*, en ligne : www.francebleu.fr/infos/

L'affaire de L'Île-Saint-Denis

Samir est égyptien. Il est arrivé en France il y a plus de dix ans. Comme beaucoup de travailleurs sans papiers, il travaille dans le bâtiment, employé y compris par des multinationales qui l'emploient au noir, d'une part en raison du défaut de main-d'œuvre dans le secteur et d'autre part pour réduire les cotisations sociales et le coût des chantiers. Après le travail, en plein confinement, sans masque ni protection, Samir accepte de sortir avec deux de ses amis pour aller boire quelques verres. En voiture sur les quais de Seine, le conducteur, sans permis et qui a peut-être bu un verre de trop, s'aperçoit qu'il est suivi par une voiture de police. Pour éviter le contrôle, il préfère abandonner la voiture. Il est suivi par les deux autres passagers, dont Samir. Poursuivi par les policiers, Samir se jette dans la Seine en pleine nuit, prenant le risque de se noyer plutôt que d'être placé en centre de rétention.

Arrivé tant bien que mal sur l'autre rive, côté Île-Saint-Denis, il est cueilli par les policiers, parmi lesquels un commissaire divisionnaire. À peine Samir sorti de l'eau, le commissaire l'accuse de l'avoir frappé en le

---

faits-divers-justice/une-video-montre-des-policiers-frappant-un-homme-avec-une-museliere-pendant-une-interpellation-1587833133

traitant de « sale arabe » et de « sale bicot ». Les autres policiers se joignent au passage à tabac. Il est jeté dans une camionnette de police et copieusement frappé et insulté. Au-dessus de la Seine, depuis un balcon, deux jeunes habitants de L'Île-Saint-Denis filment la scène, y compris les insultes à caractère raciste. En entendant les cris de Samir dans le camion de police, on comprend aisément qu'il est en train d'être tabassé. Il est placé en garde à vue quelques heures, fait l'objet d'une obligation de quitter le territoire français émise par la préfecture des Hauts-de-Seine à la demande des policiers tabasseurs, avant d'être relâché.

Le lendemain, les témoins qui ont filmé la scène préviennent un journaliste indépendant, Taha Bouhafs, spécialisé dans les violences policières depuis qu'il a filmé Alexandre Benalla, équipé comme un policier, en train de frapper un couple. Il n'était alors pas encore journaliste mais les conséquences de l'affaire le feront définitivement emprunter cette voie. C'est aujourd'hui un journaliste des luttes, qui était présent sur les piquets de grève à 5 heures tous les matins pendant les manifestations contre la réforme des retraites. Je suis l'avocat et l'ami de Taha.

Après avoir diffusé la vidéo de L'Île-Saint-Denis, ce qui crée une polémique certaine sur le caractère raciste de l'intervention policière, Taha me contacte en pleine nuit. Il a retrouvé Samir, qui a besoin d'un avocat. Nous

nous rendons immédiatement dans un pavillon d'une ville de banlieue pour le rencontrer. Après l'interview de Taha, Samir me confie le soin de déposer plainte contre les fonctionnaires de police. L'enquête fait apparaître que le commissaire divisionnaire impliqué a déjà un passif judiciaire. Début novembre, le procureur de la République de Bobigny décide de renvoyer devant le tribunal correctionnel le policier qui a proféré les insultes à caractère raciste. Les violences, pourtant entendues et constatées médicalement, ne sont pas poursuivies. L'obligation de quitter le territoire français est quant à elle confirmée par le tribunal administratif.

L'état d'urgence sanitaire a agi comme un libérateur de l'action et de la parole raciste dans la police. Les policiers qui ne peuvent plus supporter cette parole se font également entendre. Pas une semaine ne se passe sans qu'un nouveau scandale de racisme ou de violence raciste dans la police ne soit révélé par la presse. Ce n'est évidemment pas un fait nouveau, mais le confinement a sans conteste permis cette libération de la parole raciste au sein de la police. Lorsque l'espace public est vidé, que tout pouvoir sur la population est remis entre les mains de la police, que le droit d'aller et venir repose sur son autorité, exprimer une parole et un comportement racistes habituellement refrénés est plus facile. C'est un simple téléphone portable qui a permis de révéler les violences racistes subies par Samir. Combien se sont déroulées sans regard ni caméra pendant le confinement ?

L'état d'urgence est ce moment où la toute-puissance administrative se fait jour. Pendant le confinement, la police est devenue la maîtresse absolue de la sphère publique, détentrice du résidu de liberté de se déplacer de toute la population. L'impunité en matière de violences policières a donné à chaque dépositaire de l'autorité publique un blanc-seing concernant son action, voire le dépassement de ses prérogatives.

La recension à laquelle je viens de me livrer est malheureusement loin d'être exhaustive. Elle pourrait probablement remplir toutes les pages de cet ouvrage. La fréquence des violences policières pendant l'état d'urgence sanitaire s'explique probablement par la territorialisation de l'espace public au profit des forces de l'ordre, et par les interdictions imprécises de sortie qui ont conduit à de multiples confrontations. L'interrogation réside dans les comportements des forces de l'ordre. Qu'est ce qui explique et justifie un tel rapport d'autoritarisme, là où l'action du service public de la police devrait être en premier lieu de rassurer la population dans une période particulièrement anxiogène, et de faire œuvre de pédagogie à l'égard d'une population mal informée, dans un souci de responsabilisation collective ?

Au lieu de cela, près d'un million de procès-verbaux de contraventions ont été distribués, et une multitude de violences et d'interpellations ont eu lieu – telle a été la réponse à une situation qui n'appelait pas cet excès de virilisme et d'autoritarisme. Le monopole de la violence légitime, qui n'a d'ailleurs aucune existence juridique et relève de la simple analyse sociologique des caractéristiques traditionnelles des États, ne peut être accepté dans le cadre du contrat social que tant qu'il est utilisé pour assurer la protection de la population. L'une des explications à ce déferlement de contraventions et de violences policières s'explique par le nouveau statut de chaque individu faisant l'objet d'un contrôle. Dès lors qu'il circule dans l'espace public, l'individu est un délinquant potentiel parce qu'il est susceptible d'être porteur du virus – il n'est plus une personne ou un sujet de droit, comme en temps normal. L'essentialisation de l'individu en corps biologique, voire son identification au virus lui-même, permet la disparition des protections traditionnelles du sujet de droit dans l'espace public et dans son rapport à la police. Privé de ses garanties et de ses protections, la violence pure peut s'exprimer sur ce corps nu, potentiellement contaminé. De la même manière que l'essentialisation traditionnelle des personnes vivant dans les quartiers populaires autorise un déchaînement de violence d'État à leur égard, dorénavant, toute personne, tout sujet virus, peut se retrouver victime de violences policières.

7

L'état d'urgence social

L'épidémie et l'état d'urgence sanitaire ont sensiblement accru les inégalités pendant le premier confinement, et cette fois de manière irréversible. À titre d'exemple, la surmortalité du département de la Seine-Saint-Denis a été l'une des plus importantes du territoire. Cette surmortalité peut s'expliquer de plusieurs manières : inégalité en termes de soins et d'accès aux soins, représentativité plus importante dans les métiers les plus exposés au risque de contamination, densité de population élevée et habitat indigne rendant souvent impossible un confinement strict. Ceci explique en partie la stigmatisation médiatique et politique de cette population exhibée et dénoncée comme incivilisée et ne respectant pas les règles du confinement. Peu, en revanche, expliquaient que lorsque l'on vit dans des logements trop étroits et insalubres, il est souvent insupportable, voire impossible, d'y résider toute la journée, en particulier lorsque les journées sont chaudes.

Ces mêmes facteurs expliquent également les inégalités face aux violences policières et accrue la pénalisation des violations du confinement. Ainsi, le 19 mars 2020, Fabienne Klein-Donati, procureure de la République de Bobigny, déclarait, s'agissant des verbalisations pour violation du confinement, que « sur la première journée, 10 % des PV [procès-verbaux] dressés en France l'ont été en Seine-Saint-Denis[1] ».

La surmortalité parmi les plus précaires s'explique principalement par le type de métiers qu'ils exercent. Des métiers pour lesquels le télétravail est impossible. Caissières, éboueurs, manutentionnaires, ouvriers... : autant de métiers qui ne permettaient pas de rester confiné en évitant le risque de contamination. Elle révèle aussi l'économie générale du confinement choisie par le gouvernement : un confinement sur mesure, fait pour protéger ceux pouvant télétravailler depuis une résidence secondaire ou un appartement décent, mais qui a contraint les personnes dans l'impossibilité de travailler depuis chez elles à s'exposer à la contamination. Car la réalité des modalités du confinement est celle de la sélection sociale. Elle révèle, en creux, que le cœur du fonctionnement de la vie en société est en

1. Voir Nathalie Revenu, « Coronavirus en Seine-Saint-Denis : un nombre record d'amendes, police et justice durcissent le ton », *Le Parisien*, 19 mars 2020.

réalité assuré par les personnes les moins payées. Le gouvernement a fait le choix de les laisser s'exposer à un risque de contamination, dans les transports en commun ou sur des lieux de travail où le respect des règles de distanciation sociale était souvent impossible, où gel hydroalcoolique et masques n'étaient pas disponibles en quantité suffisante. Pourtant, ce risque auquel cette partie de la population active a été exposée n'a pas été compensé en conséquence.

Inégalités territoriales, inégalités face au travail

Bien avant l'épidémie et l'avènement de l'état d'urgence sanitaire, l'État français ne respectait pas son obligation de traitement égalitaire des territoires. Le rapport parlementaire du 31 mai 2018 sur « l'évaluation de l'action de l'État dans l'exercice de ses missions régaliennes en Seine-Saint-Denis », établi par François Cornut-Gentille, député LR, et Rodrigue Kokouendo, député LREM, ne laisse plus de place au doute. Il existe une rupture d'égalité entre le département de la Seine-Saint-Denis et les autres départements, tout au moins en matière de police, d'éducation et de justice : le nombre de policiers par habitant y est moindre, le taux de remplacement des instituteurs y est beaucoup plus faible, et les délais de traitement judiciaire, notamment au palais de justice de Bobigny, sont beaucoup plus longs que sur le reste du territoire. C'est la raison pour laquelle cinq villes de ce département – Bondy, Saint-Denis, Stains, Aubervilliers et L'Île-Saint-Denis – m'ont confié la tâche d'engager une procédure en responsabilité contre l'État français. Au moment où je rédige ces lignes, la procédure est en cours devant le tribunal administratif de Montreuil.

Le rapport n'explique que peu ou prou les raisons de ces inégalités. Ce traitement inégalitaire peut bien sûr s'expliquer par des problématiques de recensement de population dès lors que la population du 93 est en évolution rapide et importante. Bien sûr la Seine-Saint-Denis est l'un des départements les plus pauvres, les plus jeunes et les plus « racisés » de France. Mais nos principes universalistes interdisent que ces éléments puissent justifier une telle inégalité de traitement.

Car la réalité est que le gouvernement a fait le choix, y compris pendant la période du confinement, d'exposer une grande partie de la population au virus. La réalité est celle d'une obligation de travail pour les populations précaires, dès lors que le ministère du Travail a considéré, y compris sur son site Internet et dans ses déclarations, que le droit de retrait ne s'appliquait pas à la situation.

Le « droit de retrait » est cette situation qui conduit le travailleur à quitter ou à ne pas se rendre sur son lieu de travail lorsqu'il existe des motifs raisonnables de penser qu'il présente un danger grave et imminent pour sa vie ou sa santé. Comment ne pas estimer que l'épidémie de Covid-19 ne conduirait pas à une telle situation, dès lors que le simple fait de se rendre sur son lieu de travail impliquait pour la majorité de ces populations d'utiliser les transports en commun, où la promiscuité est de rigueur ? Comment ne pas conclure, en raison du défaut de gel hydroalcoolique en quantité suffisante pour tout le pays au printemps 2020, que les lieux de travail en seraient insuffisamment dotés ? Idem concernant les masques, alors même que l'on sait aujourd'hui que le gouvernement avait parfaitement conscience de la nécessité d'en porter pour réduire le risque de contamination ?

C'est pourtant le choix fait par le gouvernement que de faire peser ce risque sur les populations le plus précaires et dont les métiers ne leur permettaient pas de rester à domicile. En refusant l'application du droit de retrait, le ministère du Travail, de l'Emploi et de l'Insertion a accru de manière effective le risque qu'elles soient contaminées afin de protéger une partie de l'économie. Il a choisi de protéger l'employeur au détriment du salarié. Au vu du taux de surmortalité des populations de la Seine-Saint-Denis, l'accroissement des inégalités au travail n'a jamais eu des conséquences aussi importantes.

Certains syndicats ont tenté d'infléchir ces choix gouvernementaux, plusieurs affaires judiciaires et luttes syndicales en rendent compte. Au début du mois d'avril, l'entreprise Amazon, dont l'activité de livraison à domicile a explosé pendant le confinement, annonce qu'elle va mettre des masques à disposition de l'ensemble de ses salariés et continuer l'activité, au moment même où les soignants en manquent cruellement. Frédéric Duval, le directeur général d'Amazon France, affirme ainsi, le 3 avril sur RTL, que « les autorités ne nous demandent pas de travailler aujourd'hui avec des masques et pourtant, à partir d'aujourd'hui dans tous les bâtiments Amazon France, les salariés seront équipés de masques à leur demande ». Cette communication ne parvient cependant pas à masquer la réalité de ces entrepôts dépourvus de gel hydroalcoolique en quantité suffisante, et dont les conditions de travail ne permettent pas le respect des gestes barrières. Le syndicat Solidaires décide d'en passer par la voie judiciaire. Le 8 avril 2020, il saisit en référé, c'est-à-dire dans le cadre d'une procédure d'urgence, le tribunal judiciaire de Nanterre pour réclamer la fermeture de six entrepôts français sous astreinte d'un million d'euros par jour.

Le 14 avril 2020, coup de tonnerre dans la vie bien réglée d'une France confinée qui a pris l'habitude de se faire livrer denrées et produits à domicile : le tribunal ordonne à la société Amazon France de procéder à l'évaluation des risques professionnels inhérents à l'épidémie de Covid-19 sur l'ensemble de ses entrepôts.

Dans l'attente de la mise en œuvre des mesures et de l'évaluation, Amazon est condamnée à restreindre l'activité de ses entrepôts aux seules activités de réception des marchandises, de préparation et d'expédition des commandes de produits alimentaires, de produits d'hygiène et de produits médicaux, et ce sous astreinte d'un million d'euros par jour de retard et par infraction constatée[2]. La société Amazon fait appel de la décision. Le 24 avril, la cour d'appel de Versailles confirme la décision en élargissant le champ des activités autorisées à l'informatique, la bureautique et les produits pour animaux. Malgré cette victoire syndicale, la société Amazon décidera de continuer à livrer en passant par ses entrepôts situés en dehors du territoire de l'Hexagone.

Lors du second confinement, en novembre 2020, le gouvernement fait une nouvelle fois le choix d'ordonner la fermeture des commerces à l'exclusion des enseignes de la grande distribution. Les petits commerces agonisent toujours un peu plus tandis que les multinationales de la distribution en ligne récupèrent l'ensemble du marché… Il est certain que les commerçants et salariés de l'artisanat et du commerce ne sortiront pas indemnes de cette période, et que le tissu économique en sera affecté de manière durable et profonde.

2. Tribunal judiciaire de Nanterre, ordonnance de référé du 14 avril 2020, RG n° 20/00503.

J'ai moi-même été saisi, mi-avril, par une salariée, hôtesse d'accueil intérimaire dans un immeuble de bureaux. Au début du premier confinement, après avoir exposé à son employeur qu'elle ne disposait pas de gel hydroalcoolique sur son lieu de travail et que les règles sanitaires n'y étaient pas suffisantes, son employeur lui avait demandé de quitter le travail et avait décidé de ne plus la payer. Dans ce type de situation, la seule solution est de saisir le conseil de prud'hommes en référé pour obtenir le paiement des salaires en retard. Mais en raison de la situation sanitaire, les conseils de prud'hommes étaient alors tous fermés. Pendant près de trois mois, ma cliente n'a pas bénéficié du moindre revenu, sans possibilité de saisir une juridiction.

Ces éventuelles victoires judiciaires pour les syndicats et les salariés exposés ne sont que des gouttes d'eau dans la révolution du droit du travail permise par l'état d'urgence sanitaire. Car la loi du 23 mars 2020 instaurant l'état d'urgence sanitaire a également habilité le gouvernement à légiférer par voie d'ordonnance dans de très nombreux domaines, transformant par là même radicalement et de manière pérenne de nombreux pans du droit. En matière de droit du travail, l'effet opportuniste est saisissant. L'ordonnance du 24 mars 2020 autorise ainsi les entreprises exerçant des activités particulièrement nécessaires à la sécurité du pays et à la continuité de la vie économique et sociale, à déroger aux durées maximales journalières et hebdomadaires du travail. Le champ de ces entreprises, fixé par décret, est suffisamment large pour y inclure ce que le gouvernement veut bien y inclure. En réalité ce sont les entreprises les plus puissantes, comme l'industrie lourde, la grande distribution ou les travaux publics qui en profitent, au détriment des salariés et des moyennes et petites entreprises. Ainsi, durant toute la période de l'état d'urgence sanitaire, ces entreprises peuvent faire travailler leurs salariés au-delà des durées de travail habituelles. De la même manière, cette ordonnance s'attaque aux possibilités d'action collective des salariés en faisant primer le rapport individuel entre le salarié et l'entreprise.

Il est ainsi possible de travailler jusqu'à soixante heures par semaine, un allongement qui était déjà autorisé par la loi El Khomri mais qui peut désormais s'appliquer sans accord collectif ni autorisation de l'inspection du travail. L'allongement doit faire l'objet d'une simple information du comité social et économique (CSE) ou du conseil d'entreprise et de la direction régionale de l'inspection du travail. Autant dire que ces mesures peuvent être appliquées unilatéralement par la direction. La même ordonnance permet aussi à l'employeur d'imposer la prise de jours de repos à des dates déterminées, ainsi que de modifier la date de ceux qui ont déjà été posés par les salariés. De même, les congés payés peuvent être imposés ou modifiés sans délai de prévenance.

Il est fort probable que beaucoup de ces mesures, qui s'attaquent toujours plus à un droit du travail individuel et collectif déjà fragilisé, soient finalement maintenues à la faveur d'une prorogation de l'état d'urgence sanitaire. En matière de droit du travail, l'effet d'opportunisme de l'état d'urgence sanitaire apparaît en pleine lumière.

La détention des inégalités

Si l'emprisonnement est en soi une mesure de privation de liberté, les détenus ont vu leur situation se dégrader encore au cours de l'état d'urgence sanitaire. Les prisons sont peuplées de personnes en détention provisoire, présumées innocentes, et de détenus définitivement condamnés. Les lieux de privation de liberté concernent également les personnes de nationalité étrangère en situation irrégulière détenues dans les centres dits « de rétention administrative ». De nombreux cas de contamination ont été recensés dans ces lieux de privation de liberté, y compris s'agissant du personnel. La surpopulation carcérale a été mise en exergue par le risque de contamination. On ne peut évidemment pas échapper à une épidémie ou tenir les distances sociales lorsqu'on est deux ou trois dans une cellule de 9 mètres carrés, ou lorsqu'on est contraint de faire ses promenades en compagnie des autres détenus.

À la mi-mars 2020, la France comptait 72 500 détenus, avec un taux d'occupation des prisons de 117 %. Afin de prendre en compte le risque de contamination, le gouvernement a décidé de libérer 6 600 personnes avant le terme de leur détention, à l'exclusion des criminels et de personnes condamnées pour violence conjugale et terrorisme. Le 23 avril, la France ne comptait plus que 61 100 détenus pour 61 109 places. Et le 1er juillet, 58 695 personnes étaient détenues en France, ce qui faisait passer le taux d'occupation en deçà des 100 %[3]. La logique carcérale était ainsi mise à mal par les nécessités de l'état d'urgence sanitaire. Si ces détenus ont pu être libérés en raison du Covid-19, qu'est ce qui pouvait justifier qu'ils soient maintenus en détention ?

Pourtant, une autre mesure a conduit à réserver un sort moins favorable aux personnes en détention provisoire, c'est-à-dire à celles qui n'ont pas encore été jugées, ou pas encore été jugées définitivement, et qui sont considérées présumées innocentes. Nécessités de la justice obligent, l'ordonnance prise en matière de

3. « Prisons : le nombre de détenus stable au 1er juillet », *Le Figaro*, 27 juillet 2020, en ligne : www.lefigaro.fr/flash-actu/prisons-le-nombre-de-detenus-stable-au-1er-juillet-20200727

procédure pénale et la circulaire du ministère de la Justice prise en application prolongeaient automatiquement tous les titres de détention provisoire. Les personnes qui devaient repasser devant le juge des libertés et de la détention pendant la période de l'état d'urgence étaient ainsi automatiquement reconduites dans leur détention sans passage devant un juge. Cette mesure, considérée par beaucoup comme inconstitutionnelle, a pourtant été validée par le Conseil constitutionnel. Au sein des juridictions pénales, le malaise a été tel que certains juges des libertés et de la détention ont refusé d'annuler les auditions de personnes détenues provisoirement et d'appliquer l'allongement des délais prévu à l'article 16 de l'ordonnance précitée, telle qu'interprétée par l'ordonnance du 26 mars 2020[4].

Plus généralement, en temps de Covid, les détenus voient leurs conditions de détention et leurs libertés fondamentales se dégrader. Leur isolement est accru, le

4. Voir « On emprisonne le droit pendant la guerre », *Dalloz actualité*, 13 avril 2020, en ligne : www.dalloz-actualite.fr/node/libre-cours-emprisonne-droit-pendant-guerre#. XrPeii3pOYV ; « Pandémie et prisons : les instructions de l'administration pénitentiaire », *Dalloz actualité*, 16 mars 2020, en ligne : www.dalloz-actualite.fr/flash/pandemie-et-prisons-instructions-de-l-administration-penitentiaire#. XrPPQC-3pOCR ; « Coronavirus : le Défenseur des droits appelle à ne pas porter atteinte aux droits des détenus », *Dalloz actualité*, 20 mars 2020, en ligne : www.dalloz-actualite.fr/flash/coronavirus-defenseur-des-droits-appelle-ne-pas-porter-atteinte-aux-droits-des-detenus#. XrPPVy3pOCR

peu d'activités (accès aux bibliothèques, salles de sport ou réunions cultuelles) qui leur étaient proposées sont en partie suspendues.

Pour les personnes en situation irrégulière, la situation est similaire. Malgré un cluster détecté au centre de rétention du Mesnil-Amelot, le gouvernement a refusé de fermer les centres de rétention, exposant les personnes qui y étaient retenues à un risque de contamination et de mort. Si le droit à la vie a semblé l'emporter sur tous les autres droits et garanties fondamentales pendant l'état d'urgence sanitaire, les détenus et personnes en situation irrégulière n'ont donc vraisemblablement pas bénéficié des mêmes égards que le reste de la population confinée.

8

La plainte pénale comme contre-pouvoir pendant le confinement[1]

« Et je pense que toutes celles et ceux qui cherchent déjà à faire des procès alors que nous n'avons pas gagné la guerre sont irresponsables. Le temps viendra de la responsabilité[2] » : c'est ainsi que le président de la République a commenté, devant la nation, les nombreuses plaintes adressées à la Cour de justice de la République ou au parquet, contre des ministres en exercice ou contre X, s'agissant de la plus grande crise sanitaire depuis l'épidémie de grippe espagnole

1. Ce développement a fait l'objet d'une tribune : Arié Alimi, « La responsabilité des décideurs publics en période de crise sanitaire », *Dalloz Actualités*, 2 avril 2020, en ligne : www.dalloz-actualite.fr/node/responsabilite-des-decideurs-publics-en-periode-de-crise-sanitaire#.X701bapKjlw
2. Voir « Macron répond aux critiques : "Celles et ceux qui cherchent déjà à faire des procès sont irresponsables" », 31 mars 2020, *L'Obs*, en ligne : www.nouvelobs.com/politique/20200331.OBS26873/macron-repond-aux-critiques-celles-et-ceux-qui-cherchent-deja-a-faire-des-proces-sont-irresponsables.html

de 1918. Comme à son habitude, le procureur de la République Rémy Heitz s'est aligné sur la position présidentielle en estimant que l'ouverture d'une enquête sur ce scandale sanitaire pouvait attendre. Ce n'est finalement que le 8 juin 2020 qu'une enquête préliminaire a été ouverte, tout comme plusieurs instructions, notamment devant la Cour de justice de la République et au pôle santé publique du tribunal judiciaire de Paris.

Beaucoup s'interrogent néanmoins sur la nécessité et l'efficacité des plaintes pénales qui visent l'inaction des décideurs publics dans le cadre de la crise sanitaire que traverse la France. Pourquoi rechercher la responsabilité pénale de décideurs politiques, ou même la responsabilité administrative de l'État, dès lors qu'il n'a ni créé ni diffusé le virus et que, malgré des approches sanitaires différentes, la pandémie a touché toute la planète ? Peut-être parce que selon les différentes approches sanitaires et selon le délai de mise en œuvre de l'action sanitaire, l'évolution de l'épidémie est variable d'un pays à l'autre. La France est ainsi jusqu'à présent l'un des pays les plus durement touchés au monde par l'épidémie de Covid-19, en termes de mortalité notamment. En comparaison, la Corée du Sud, premier pays après la Chine à avoir eu à faire face à l'épidémie, a rapidement vu la courbe de l'épidémie s'aplanir[3], et en Allemagne, le taux de létalité lié au virus est l'un des plus faibles au monde[4].

Rappelons par ailleurs que la France a eu connaissance du développement de l'épidémie en Chine et en Italie, ce qui prive les décideurs politiques et administratifs de l'excuse de la nouveauté et de la surprise. La nécessité d'une action judiciaire se voit également opposer le réflexe de l'unité nationale, exacerbé par la métaphore filée guerrière utilisée par le chef de l'État dans la lutte contre l'épidémie. Une métaphore pourtant bien malvenue dès lors qu'elle pourrait faire croire que le combat contre une épidémie a les mêmes ressorts qu'une action militaire contre un pays ennemi… Elle apparaît également déplacée quand on songe à l'essai *L'Étrange Défaite*, écrit par Marc Bloch[5]. En tant qu'ancien officier ayant combattu pendant les deux guerres mondiales et historien, ce dernier y relatait les multiples impréparations, incompétences et négligences de l'État

3. Voir « Covid-19 : Séoul, l'élève modèle dans la lutte contre le coronavirus ? », *Sciences et avenir*, 11 mars 2020, en ligne : www.sciencesetavenir.fr/sante/covid-19-la-coree-du-sud-a-trouve-une-bonne-strategie-pour-limiter-l-epidemie_142370
4. Thomas Wieder, « Coronavirus : en Allemagne, le faible taux de mortalité interroge », *Le Monde*, 21 mars 2020.
5. Marc Bloch, *L'Étrange Défaite*, Paris, Gallimard, « Folio », 1990 [1940].

français et des officiers de l'état-major ayant conduit à la défaite aussi rapide qu'inattendue de l'armée française en 1940.

Mais puisque le chef de l'État souhaite utiliser l'image de la « guerre » pour évoquer la lutte contre le virus, il faut aussi se demander si elle advient de son fait et si lui ou les décideurs publics pourraient en être comptables. Les voix de celles et ceux qui pourraient apporter au temps présent les solutions à une catastrophe sanitaire en devenir doivent-elles être tues au prétexte de « l'unité nationale » ? La tradition politique veut que face aux défis historiques, l'union sacrée soit de mise afin de ne pas perturber l'efficacité de l'action politique. Il s'agit pourtant surtout d'une façon, pour l'opposition politique, de laisser le leader du moment assumer seul les conséquences de ses décisions, quitte à renoncer à son rôle de contre-pouvoir ou de conseil.

L'unité nationale est synonyme de renoncement. La critique ou l'action judiciaire peuvent s'inscrire dans une éthique démocratique lorsqu'elles n'ont pas vocation à fragiliser l'efficacité de l'action vers un objectif commun. Le consensus fait le reste. Et c'est peut-être en cela qu'il est impérieux de procéder, au moment même où le combat se livre, à une analyse des mécanismes et des responsabilités individuelles et collectives qui ont mené à cette catastrophe sanitaire. Et ce afin de peser sur les décisions publiques prises au quotidien et de contribuer, dans le cadre du débat intellectuel et démocratique, à vaincre l'épidémie.

L'illégitimité de l'outil pénal dans le champ politique

D'aucuns reprochent encore l'inadéquation de l'outil judiciaire, et plus spécifiquement pénal, dans un champ éminemment politique. Ainsi, s'agissant de décisions politiques prises par des représentants de l'État, seule la réponse politique serait légitime et adéquate. Cette critique fait l'impasse sur la position constitutionnelle et historique de l'autorité judiciaire, conçue bien avant la Révolution française et consacrée par les Lumières comme un contre-pouvoir face aux carences et aux faillites du roi souverain – en particulier lorsque l'action politique est mue par des intérêts personnels et contraires à la sûreté des citoyens.

Elle fait également fi du contexte démocratique général, et plus spécifiquement de celui qui a cours en temps de confinement. Mise en place par le général de Gaulle, la Vᵉ République dépose entre les mains du chef de l'État, assisté par une majorité législative, l'essentiel du pouvoir normatif, tout en laissant un droit de parole et de critique à l'opposition politique et à la société civile. Cette liberté de parole et de critique s'exprime essentiellement dans le cadre du droit de manifester[6], de se réunir[7] et de faire grève[8]. Or, le confinement a rendu l'exercice des deux premiers de ces droits impossible, et l'exercice du dernier compliqué. L'outil judiciaire est dès lors devenu l'un des seuls contre-pouvoirs encore disponible, avec le droit de vote. Cependant, concernant ce dernier, l'expérience des élections municipales du printemps 2020 a révélé un nouvel abîme, celui de son insincérité alors qu'une part importante des citoyens ne peut y participer, voire de sa contribution à la catastrophe sanitaire, posant la question d'une éventuelle responsabilité pénale des décideurs politiques[9].

6. Article 10 de la Déclaration des droits de l'homme et du citoyen de 1789.

7. Article 11 de la Convention européenne de sauvegarde des droits de l'homme et des libertés fondamentales.

8. Septième alinéa du Préambule de la Constitution du 27 octobre 1946 ; Conseil constitutionnel, décision n° 2007-556 DC du 16 août 2007, « Loi sur le dialogue social et la continuité du service public dans les transports terrestres réguliers de voyageurs ».

9. Maxime Vaudano, « Municipales 2020 : la saisissante carte de l'abstention », *Le Monde*, 16 mars 2020, en ligne : www.lemonde.fr/les-decodeurs/article/2020/03/16/municipales-la-saisissante-carte-de-l-abstention_6033186_4355770.html. Voir également Richard Schittly *et.al.*, « "J'ai agi en kamikaze de la démocratie" : les regrets et la colère des assesseurs des municipales confrontés au coronavirus », *Le Monde*, 25 mars 2020, www.lemonde.fr/politique/article/2020/03/25/

Paradoxalement, les plus grands contempteurs de l'usage de l'outil pénal dans la sphère du politique viennent du sérail judiciaire. Nombreux sont les magistrats ou avocats qui, face à a responsabilité politique, excluent l'outil pénal pour des raisons de « pureté » : le droit pénal ne devrait se pratiquer que dans l'enceinte du tribunal ; il ne devrait pas polluer le fait politique pour éviter que le fait politique ne le pollue en retour. Comme si le politique, dès lors qu'il est maître de l'action publique par l'intermédiaire du parquet, qui lui est subordonné, n'avait pas instrumentalisé depuis toujours l'action judiciaire pour réduire au silence les opposants politiques… Il ne saurait ainsi être reproché aux opposants politiques d'user eux-mêmes de l'outil pénal, sauf à inventer un nouvel évangile judiciaire.

D'autres critiques considèrent que la décision politique ne peut qu'être collective, c'est-à-dire qu'elle ne devrait viser que la personne morale de l'État, au nom de laquelle la décision fautive a été prise. De ce fait, la faute, dans la gestion de la crise, ne saurait être sanctionnée que par les juridictions administratives et en dernière instance par le Conseil d'État. Elle pourrait également être sanctionnée par le Conseil constitutionnel lorsqu'il s'agit de critiquer une loi, a

coronavirus-les-doutes-et-regrets-des-assesseurs-du-premier-tour-des-municipales_6034439_823448.html priori ou a posteriori par voie de la QPC. Cette critique ne prend pas en compte l'effectivité de la voie de recours administrative. En effet, malgré l'histoire indéniable de l'autonomisation du contentieux administratif, l'expérience contemporaine, et notamment le contentieux de l'état d'urgence et de l'état d'urgence sanitaire, nous a cruellement rappelé que le Conseil d'État, du fait de son rôle, de sa composition et de sa sociologie, ne pouvait jouer le rôle de contre-pouvoir et de sanction qui lui incombe pourtant naturellement[10].

Il en est de même du Conseil constitutionnel, qui a achevé de transformer en illusions perdues les espoirs que d'aucuns lui portaient en privilégiant une vision schmittienne[11] du texte fondamental, en faisant primer la théorie des circonstances exceptionnelles sur la lettre que l'on pensait inaltérable de la Constitution dans sa décision du 26 mars 2020 portant sur la loi organique

10. Voir le dossier « État d'urgence », *Journal du droit administratif*, avril 2016, en ligne : www.journal-du-droit-administratif.fr/?page_id=2 ; Jean-Baptiste Jaquin, « État d'urgence : face aux critiques des juges, le Conseil d'État défend son rôle », *Le Monde*, 19 janvier 2016, en ligne : www.lemonde.fr/police-justice/article/2016/01/19/etat-d-urgence-face-aux-critiques-des-juges-le-conseil-d-etat-defend-son-role_4849602_1653578.html
11. Carl Schmitt, professeur et théoricien du droit allemand devenu juriste du IIIe Reich, avait développé une vision absolutiste de la puissance étatique en faisant primer la décision politique sur le contrat social.

d'urgence du 22 mars 2020[12]. Ainsi, pour le Conseil constitutionnel, le contrat social découle de la décision politique et ne saurait l'encadrer définitivement, laissant ainsi présager des temps sombres pour l'État de droit. Les dernières décisions des juridictions administratives, saisies en référé-liberté par des syndicats de médecins sollicitant d'enjoindre au gouvernement de contribuer notamment à la fabrication de tests ou de masques, marquent l'aveu d'impuissance de la juridiction administrative, qui s'est toujours abstenue de suppléer l'État, y compris pour l'infléchir dans ses mesures prises dans le cadre de l'état d'urgence[13].

Ne reste alors dans l'éventail des outils à disposition de la société civile que le recours à l'outil pénal. Son efficacité ne doit cependant pas s'appréhender uniquement à l'aune de la possible sanction pénale qui pourrait être prononcée par une juridiction, qu'il s'agisse de la Cour de justice de la République ou d'un tribunal correctionnel. D'abord, pour qu'il y ait sanction, encore faut-il qu'il y ait enquête puis

12. Conseil constitutionnel, décision n° 2020-799 DC du 26 mars 2020, « Loi organique d'urgence pour faire face à l'épidémie de Covid-19 ».
13. Voir Conseil d'État, ordonnance du 28 mars 2020, « SMAER, Demande de mesure pour production de masques, dépistage, administration hydroxychloroquine et azithromycine (Covid-19) », n° 439726, « Demande des mesures pour mise à disposition de matériel aux personnels de santé (Covid-19) », n° 439693, « Demande de recommandation temporaire d'utilisation pour le Plaquenil (Covid-19) », n° 439765.

poursuites et jugement, ce qui nécessitera, dans le cas de la crise sanitaire que nous traversons, de très nombreuses années, voire une décennie si l'on se réfère aux précédentes procédures judiciaires en la matière, comme celles de l'affaire du sang contaminé ou de l'amiante.

Ensuite, il faut rappeler que le périmètre de la sanction pénale dans la décision politique a été particulièrement restreint par la Constitution et la jurisprudence. S'agissant du chef de l'État, sa fonction bénéficie d'une irresponsabilité pénale pour tous les actes et décisions commis dans l'exercice de ses fonctions[14]. Sa responsabilité pénale pourrait être engagée pour tous les actes détachables de sa fonction, et uniquement après la cessation de ses fonctions, en vertu de l'article 67 de la Constitution. Les deux corps du roi sont ainsi parfaitement distingués. Il en résulte qu'il bénéficie d'une immunité pleine et entière pour les décisions qu'il a prises ou qu'il pourrait prendre pendant son mandat, et plus spécifiquement pendant la crise sanitaire.

S'agissant des ministres, l'histoire récente, et notamment la poursuite de Christine Lagarde et sa déclaration de culpabilité à l'occasion de l'arbitrage de l'affaire Bernard Tapie, a confirmé qu'il n'existait à leur égard pas

14. Article 67 de la Constitution du 4 octobre 1958.

d'immunité mais un privilège de juridiction[15]. De fait, l'engagement d'une enquête ou d'une poursuite devant la Cour de justice de la République est rarissime. Et pour cause : la Cour de justice de la République est une juridiction d'instruction et de jugement mixte, composée de douze parlementaires et de trois magistrats de la Cour de cassation[16]. Or la commission des requêtes qui apprécie la recevabilité des plaintes est composée de trois magistrats de la Cour de cassation, de deux magistrats de la Cour des comptes et de deux conseillers d'État[17]. Ainsi, la majorité de cette commission émane d'un recrutement administratif qui laisse peu de chances à la recevabilité des plaintes. Les statistiques d'ouvertures d'enquêtes et de poursuites sont infimes[18].

Orienter directement une plainte pénale vers la Cour de justice de la République semble relever d'une gageure, ce qui n'a cependant pas arrêté un certain nombre de plaignants, médecins ou élus, contaminés

15. Cour de justice de la République, arrêt n° 2016/C01 du 19 décembre 2016.
16. Article 68-2 de la Constitution du 4 octobre 1958.
17. Article 12 de la loi organique n° 93-1252 du 23 novembre 1993 sur la Cour de justice de la République.
18. Depuis sa création en 1999, la Cour de justice de la République a prononcé un jugement à l'encontre de sept ministres. Voir « Cour de justice de la République : une institution contestée », *Vie publique*, 13 octobre 2019, en ligne : www.vie-publique.fr/eclairage/19542-la-cour-de-justice-de-la-republique-une-institution-contestee.

au cours du premier tour de l'élection municipale[19]. La décision d'ouverture d'une instruction par la commission des requêtes a pourtant été prise, créant un séisme dans l'univers politique. Elle résulte de la pression de l'opinion publique qui appelait à une transparence sur la prise de décision avant et au début de l'épidémie.

Une autre voie est celle de la plainte contre X adressée directement au procureur de la République. Ce dernier dispose de la faculté d'ouvrir une enquête préliminaire ou une instruction auprès de l'un des deux pôles de santé publique des tribunaux judiciaires de Paris ou de Marseille, afin de charger un ou plusieurs juges d'instruction d'une enquête[20]. La saisine du procureur de la République me semble la plus judicieuse, dès lors qu'elle évite l'écueil du filtre de la commission des requêtes de la Cour de justice de la République et qu'elle n'écarte pas les responsabilités de tous les décideurs administratifs qui ne relèveraient pas de la fonction ministérielle.

Un trou de souris : c'est donc à cela que se résume le droit positif du contrôle de l'action publique. C'est

19. Fanny Conquy et Alexandre Poussart, « Covid-19 : le gouvernement face aux recours », *Public Sénat*, 26 mars 2020, en ligne : www.publicsenat.fr/article/parlementaire/covid-19-le-gouvernement-face-aux-recours-181587
20. Articles 39 et suivants du Code de procédure pénale.

ce qui explique peut-être le scepticisme du monde judiciaire, qui semble néanmoins se justifier davantage par un sentiment d'impuissance empirique que par une infaisabilité théorique. Malgré ce scepticisme, ces enquêtes sont en bonne voie. Des perquisitions ont été réalisées au sein de plusieurs ministères et dans les domiciles personnels d'Édouard Philippe, d'Olivier Véran, de Sibeth Ndiaye et d'Agnès Buzyn, et de nombreux documents saisis permettront à la justice d'y voir plus clair sur les décisions qui ont été prises dans la gestion de la crise sanitaire. Le cadenas du contrôle de l'action publique n'est pas sans lien avec le sentiment de défaite démocratique et l'apparition de la violence dans les rapports sociaux et politiques. Emprunter le trou de souris de l'action pénale est peut-être aussi le dernier recours de ceux qui croient encore à la fonction pacificatrice de la justice.

C'est finalement l'action de l'engagement de la procédure pénale, par le dépôt de plainte et l'ouverture d'une enquête, qui détient ontologiquement une vertu démocratique. La plainte pénale, dès lors qu'elle met en cause la responsabilité individuelle et personnelle du fonctionnaire habituellement paré de toutes ses immunités et privilèges juridictionnels dans son action, est probablement le dernier outil de puissance symbolique que détient la société civile sur le représentant de l'État. Agissant comme un levier de puissance sur le haut fonctionnaire ou l'élu dans le moment de sa prise de décision, elle a également pour vertu de susciter le débat public et l'intérêt des médias. Enfin, elle est la seule voie permettant la réalisation d'une enquête et la recherche de la vérité, puisque le procureur ou le juge d'instruction sont les seuls à même d'obtenir les éléments et documents qui ont déterminé l'action ou l'inaction publique.

Peut-être que l'on ne devrait pas se satisfaire du recours à l'action pénale mais elle est, en l'état du droit et des rapports des forces institutionnelles – dans l'attente d'une réforme des institutions –, indispensable au maintien du fonctionnement démocratique. Elle semble également être la dernière solution pour gripper le fonctionnement désincarné et déshumanisé de la mécanique administrative.

Encore faut-il, pour permettre l'ouverture de l'enquête pénale, que les qualifications pénales soient justement choisies et crédibles. Les infractions communément constatées dans les affaires de santé publique impliquant des décideurs publics sont des infractions dites non intentionnelles. Il s'agit notamment des infractions de violences involontaires[21] et d'homicides involontaires[22], ou bien encore de l'abstention de mettre en

21. Article 222-19 du Code pénal.
22. Article 221-6 du Code pénal.

œuvre des mesures permettant d'éviter un sinistre[23]. Le grand scandale sanitaire du sang contaminé a donné lieu, le 9 mars 1999, à un arrêt de la Cour de justice de la République qui reconnaît Edmond Hervé, secrétaire d'État à la Santé, coupable des délits d'atteinte involontaire à la vie et d'atteinte involontaire à l'intégrité physique[24]. Les délits non intentionnels sont traditionnellement soumis, au même titre que toutes les infractions similaires, à l'existence d'un lien de causalité entre le comportement constitutif de l'infraction et le dommage causé[25].

En raison du grave impact de ces scandales sanitaires sur l'intégrité physique d'un grand nombre de victimes, le lien de causalité a subi une progressive transformation par la jurisprudence en matière de délit de risques causés à autrui. Ce délit s'inscrit notamment dans une politique de santé publique et se retrouve ainsi dans l'affaire d'exposition à l'amiante et dans celle du sang contaminé.

L'enjeu des procédures pénales qui ont vu le jour est de déterminer si ces critères peuvent également s'appliquer à l'inaction gouvernementale au début de la crise sanitaire que nous vivons. En définitive, la

23. Article 223-7 du Code pénal.
24. Cour de justice de la République, arrêt n° 99/001 du 9 mars 1999.
25. Voir Marcel Pochard, « Responsabilité pénale des élus », *Jurisclasseur Administratif*, 9 mai 2019, fasc. n° 813.

question se résume à savoir si, d'une part, les décideurs publics avaient connaissance du risque encouru par la population et les soignants et si, d'autre part, ils ont décidé en connaissance de cause de ne pas prendre les mesures nécessaires à la protection de la population et des soignants. Si tel est le cas, la question morale sera celle de savoir pourquoi cette décision a été prise – par négligence ou par idéologie.

L'attitude ambiguë du gouvernement et sa communication malheureuse suggérant de poursuivre toute activité économique, même non-indispensable, avant et après la décision de confinement, alors même qu'elle était de nature à contribuer à la diffusion du virus ; la décision de ne pas renouveler les stocks stratégiques de masques, de privilégier la protection des salariés d'Airbus au détriment des soignants et, de ce fait, de prétendre que le port du masque était inutile[26] ; celle de ne pas fabriquer ou acheter de tests, contre l'avis des recommandations de l'OMS depuis le 24 janvier 2020 ; le maintien du premier tour des élections municipales ; enfin, la carence dans la fourniture de tout matériel de protection aux soignants hospitaliers ou libéraux, dont certains ont été contaminés et sont décédés, devront s'appréhender au regard des connaissances

26. Yann Philippin, Antonn Rouget et Marine Turchi, « Masques : les preuves d'un mensonge d'État », *Mediapart*, 2 avril 2020.

scientifiques[27] et de la documentation administrative alors disponibles[28].

La justice qui s'inscrit dans l'État de droit que nous imaginons ne saurait fermer les yeux sur ces milliers de morts et de contaminés qui auraient pu être évités. Dans le cas contraire, l'état d'exception que constitue l'état d'urgence sanitaire aura eu raison de l'État de droit dans lequel nous avons vécu. Le coup d'État d'urgence, c'est celui que nous vivons depuis que le politique a renoncé à faire de la politique pour privilégier la gestion des populations. Au sortir de cette « guerre », pour reprendre les termes du président de la République, il faudra au contraire renforcer l'État de droit en éliminant les scories qui paralysent et soumettent les contre-pouvoirs que devraient constituer le Conseil constitutionnel, la justice administrative et le ministère public. Dans le cas contraire, l'État de droit risque fort de devenir un souvenir résiduel heureux pour ceux qui l'ont connu, et de laisser place à une gestion rationnée des libertés.

Il faudra aussi comprendre la dynamique interne de l'état d'urgence. Décrire et analyser ses logiques

27. Pascal Marichalar, « Savoir et Prévoir. Première chronologie de l'émergence du Covid-19 », *La Vie des idées*, 25 mars 2020, en ligne : https://laviedesidees.fr/Savoir-et-prevoir.html
28. « Une approche critique de la mise en œuvre des moyens de lutte contre la grippe aviaire », rapport d'information n° 451 de Mme Nicole Bricq fait au nom de la commission des finances du Sénat, 4 juillet 2016.

d'essentialisation et de destruction des catégories traditionnelles du droit, analyser la transformation du sujet de droit en sujet « radical » ou en « sujet virus », l'érosion progressive de l'État de droit réalisée par la logique du soupçon généralisée, l'extension des atteintes aux libertés depuis les minorités vers l'intégralité de la population, le caractère irrémédiable de ces renoncements aux libertés, le mouvement normatif incessant qu'il emporte. À défaut, il nous faudra accepter de vivre dans un monde incertain dans lequel les états d'urgence successifs se diluent progressivement dans le droit commun, transformant celui-ci en droit d'exception. Le concept de « radicalisation », religieuse ou politique, et le risque de contamination sont ces nouvelles catégories juridico-politiques qui déterminent dorénavant le fonctionnement de la politique et du droit. La question n'est pas tant de se demander ce qu'il restera de l'état d'urgence sanitaire après sa fin, mais plutôt de s'interroger sur ce qu'il restera du droit commun. Le monde d'après, c'est celui dans lequel nous vivions déjà. Celui de l'urgence et de l'exception.

Remerciements à :

Alain, Patricia, Roger, Mani, Odette, Daisy, Ava, Tessa, Johanna, Iris, Julia, Madeleine, Hélène, Jérémie, Yelena, Marianne, Rachel, Youri, Nabila, Cybèle, David, Taha, Raphael, Romane, et à tous les membres de la LDH qui ont permis ce livre.
Remerciements particuliers à Cécile Duflot et Yan Thomas pour leurs inspirations.

Table

RÉALISATION : NORD COMPO À VILLENEUVE-D'ASCQ
IMPRESSION : NORMANDIE ROTO IMPRESSION S.A.S À LONRAI
DÉPÔT LÉGAL : JANVIER 2021. N°146921 (2005269)
IMPRIMÉ EN FRANCE